Dr. Roderich Heinze
Sabine Vohmann-Heinze

# NLP –

## mehr Wohlbefinden und Gesundheit

Neurolinguistisches Programmieren

- Sich selbst und andere besser verstehen
- Selbstvertrauen stärken
- Ein Selbstlernprogramm

GU GRÄFE UND UNZER

# Inhalt

## *Wichtiger Hinweis*

Sie finden in diesem Buch eine Vielzahl von Übungen zur Wahrnehmung Ihres Selbst sowie zu seiner Veränderung. Es ist ein Selbstlernprogramm in zwei Teilen, das aber nicht eine Behandlung von gesundheitlichen Störungen durch den Arzt, Heilpraktiker, Krankengymnasten oder NLP-Therapeuten ersetzt.
Bitte gehen Sie bei allen Übungen behutsam vor. Wählen Sie zunächst kleinere Probleme Ihres Alltags und nicht tiefergehende Ängste aus Ihrer Vergangenheit oder Ihrer Zukunft. Falls Sie mit den hier beschriebenen Übungen nicht zurecht kommen, ist es sinnvoll, einen erfahrenen NLP-Therapeuten aufzusuchen. Fortgeschritteneres Arbeiten im NLP macht es zwingend notwendig, von einem NLP-erfahrenen Begleiter geführt zu werden. Achten Sie bei der Auswahl eines Sie behandelnden NLP-Therapeuten nicht so sehr auf den Titel »Practitioner« oder »Master-Practitioner«, sondern auf die Jahre seiner Arbeitserfahrungen.

# Ein Wort zuvor

**Gesund leben, heißt, kreativ mit sich selbst und der Umwelt umzugehen.** Sobald Sie die materielle Welt, Menschen und Dinge, sehen, hören, fühlen, schmecken oder riechen, ist diese Welt nicht mehr draußen, sondern in Ihrem Kopf entstehen Bilder, Vorstellungen, Klänge, Düfte und Emotionen. Sie schaffen sich eine subjektive Wirklichkeit, eine innere Wahrnehmungswelt. Mit Hilfe von Neurolinguistischem Programmieren (NLP) gesund sein und gesund werden aus eigener Kraft – dabei möchten wir Ihnen helfen. Wir wollen Ihnen ein Wissen nahebringen, das Sie durch das ganze Leben begleitet, einen Weg der persönlichen Erfahrung, um Ihren Körper und Geist zu stärken. Dabei stellen wir Ihre eigene Wahrnehmung in den Mittelpunkt und machen Sie zum Experten **Ihrer** Gesundheit.

**Mit NLP eine subjektive Wirklichkeit schaffen**

## *Was heißt für Sie gesundes Leben?*

Gesundheit und Wohlbefinden hängen eng mit dieser inneren Welt zusammen, damit, ob wir in Harmonie und Balance oder in Konflikt mit ihr leben. So wie die Wirklichkeit von verschiedenen Standpunkten aus betrachtet werden kann, so können auch Gesundheit und Wohlbefinden aus verschiedenen Perspektiven gesehen werden. Ihr Arzt, Ihr Heilpraktiker, Ihr Krankengymnast mag Ihnen beschreiben, was ein Mensch tun soll, damit er gesund bleibt oder wieder wird.

Doch wie ist **Ihr** Bild von einem gesunden Menschen? Was heißt für **Sie** gesundes Leben? Was, wo und wie genau in Ihrem Körper fühlen Sie, wenn Sie zum Beispiel Schmerzen haben? Haben Sie einmal versucht, ein Organ Ihres Körpers oder einen emotionalen Zustand zu beschreiben, ohne dabei auf ein medizinisch-anatomisches Wissen oder Vokabular zurückzugreifen? Das NLP hilft Ihnen, Ihre innere Welt zu beschreiben: Sie können sich nur dann selbst helfen, wenn Sie wissen, was in Ihnen ins Ungleichgewicht gekommen ist, um nach geeigneten Wegen zu suchen, die Ihre Gesundheit stärken und Ihr Wohlbefinden fördern. »**Wenn ich weiß, was ich tue, kann ich tun, was ich möchte.**« (Moshé Feldenkrais)

**Die innere Welt beschreiben**

Lernen Sie mit Hilfe des Buches, sich wieder auf sich selbst zurückzubesinnen und Eigenverantwortung für Ihre Gesundheit und Ihr

Wohlbefinden zu übernehmen. Radikale, schnelle oder energieaufwendige Wege bringen keine Lösung: Verordnete Diäten, die empfohlene Gymnastik werden angefangen und abgebrochen. Verschriebene Tabletten werden gedankenlos geschluckt, um den Leistungsanforderungen in Beruf und Freizeit nachkommen zu können.

## *Beschäftigung mit sich selbst*

**Übungen selbst ausprobieren**

Die Übungen in diesem Ratgeber sind keine Patentrezepte, die Ihnen die Arbeit an sich selbst abnehmen. Sie müssen sie schon selbst ausprobieren. Nehmen Sie sich Zeit dafür, haben Sie Geduld mit sich selbst und gehen Sie achtsam vor. Jeder unserer Ratschläge beruht auf eigener Erfahrung wie auch auf der anderer Therapeuten und praktischer Arbeit mit Klienten.

Gesundheit und Wohlbefinden balancieren und sicherstellen erfordert von Ihnen zunächst eine eingehende Beschäftigung mit sich selbst. Dieser Aspekt wird leider häufig im NLP unterschätzt. Wie immer die NLP-Lehre aussehen mag – stets gilt es, **sinnliche Wahrnehmung, Kommunikation und gelebte Verhaltensmuster in den Mittelpunkt zu stellen**, um Strukturen zu entdecken und um neue Wahl- und Lösungsmöglichkeiten im Umgang mit sich und anderen zu entwickeln.

Durch unser NLP-Selbstlernprogramm wird Ihnen eine Welt bewußt, die Ihnen eigentlich selbstverständlich ist: Ihre eigene Welt. Begriffe wie Rapport, Pacing und Leading, VAKOG, Repräsentationssysteme, Metamodell der Sprache und Milton-Modell lassen wir in diesem Buch bewußt außen vor. Wir wollen Ihnen Inhalte vermitteln, ohne Sie mit den Fachtermini zu belasten.

Das Selbstlernprogramm besteht aus zwei großen Übungsteilen, einem Basiskurs und einem Aufbaukurs:

**NLP-Basiskurs und Aufbaukurs**

- Im **Basiskurs** (Seite 26 bis 59) möchten wir Ihre Wahrnehmung und Aufmerksamkeit für das eigene Verhalten schulen, damit Sie sich Ihrer Gewohnheiten, Prägungen, Muster und Programme bewußt werden. **Das Einhalten der Reihenfolge ist wichtig!**
- Im **Aufbaukurs** (Seite 62 bis 91) erfahren Sie, wie Sie einschränkende Verhaltensmuster verändern, neue Verhaltensweisen entwickeln und andere Perspektiven entdecken können. **Den Aufbaukurs können Sie in der Reihenfolge Ihres Interesses üben.**

**Am Ende Ihres Selbsttrainingprogramms können Sie eigenverantwortlich und frei wählen, gewohnte Verhaltensweisen entweder beizubehalten oder neu gewonnene hinzuzunehmen.** Die Belohnung für Ihre Mühen: Ihre Möglichkeiten, sich alltäglichen Lebenssituationen neu zu stellen, werden erstaunlich wachsen. Unser Wunsch und Ziel ist es, Ihren Mut und unbeugsamen Willen zu stärken, Ihrem eigenen inneren Gespür (wieder) zu vertrauen und zu folgen. Entscheidend ist Ihre Bereitschaft, das in Ihrem Trainingsprogramm Erlernte auch regelmäßig im Alltag anzuwenden. Dazu möchten wir Sie ganz besonders ermuntern.

*Dr. Roderich Heinze*
*Sabine Vohmann-Heinze*

**Seine Bewußtheit entwickeln**

Auf dem Gebiet Gesundheit und Wohlbefinden ist es gerade bedeutsam, den Aspekt der Wahrnehmung als Einstieg in das NLP herauszuarbeiten. Dies ist im Basiskurs sehr gelungen. Die Übungen des Aufbaukurses helfen klarzumachen, daß NLP nicht nur etwas ist, um »anderen zu helfen«. Der Fokus auf die persönliche Entwicklung von Bewußtheit hilft zu verdeutlichen, daß NLP mehr ist als das Anwenden mechanischer Techniken, sondern daß Gesundheit und Wohlbefinden sowohl gelebt, als auch verstanden sein müssen. Meine Gratulation und mein Dank an die beiden Autoren, die dem NLP geholfen haben, einen weiteren wichtigen Schritt nach vorne zu gehen.

*Robert Dilts*

# NLP – ein Modell kreativen Wandels

***»Was ich heute bin, ist ein Hinweis auf das, was ich gelernt habe, aber nicht auf das, was mein Potential ist.«***
**(Virginia Satir)**

**Das Neurolinguistische Programmieren (NLP) hilft Ihnen, zum Künstler Ihres Lebens zu werden und aktiv auf Ihre Gesundheit und Ihr Wohlbefinden Einfluß zu nehmen. Sie lernen, die Qualität Ihrer inneren Bilder, Klänge und Gefühle so zu gestalten, daß Freude und Lebensmut entstehen und Sie im Einklang mit diesem Bild von sich selbst leben. Mit NLP können Sie alle potentiellen Fähigkeiten, die bereits in Ihnen stecken, wachsen lassen.**

# Wie Sie mit NLP zum Künstler Ihres Lebens werden

**Das Geheimnis eines erfolgreichen Lebens**

»Der weiß, was er will!« sagen wir oft bewundernd über Menschen, die ihr Leben mit Erfolg und einem scheinbar unerschöpflichen Reservoir an Energie und Zuversicht meistern. Wissen Sie, was Sie wollen? Welche Wünsche haben Sie an dieses Leben, das Ihnen für eine begrenzte Zeit geschenkt wurde, um es mit einem Maximum an Glücksgefühlen, Kreativität und Lernerfahrung auszufüllen? Viele Menschen beantworten diese Frage etwa folgendermaßen: »Ich möchte in meiner Arbeitsstelle nicht entlassen werden.« »Ich wünsche mir, nicht mehr so viel mit meiner Frau zu streiten.« »Ich hoffe, daß ich nicht krank werde.« Die meisten Menschen schöpfen nur einen Bruchteil ihres Potentials aus, das in ihnen steckt. Genügsames Verharren im grauen Mittelmaß, Ängste und Komplexe beherrschen ihr glanzloses Leben.

## Magische Momente speichern

Dennoch gibt es kaum jemanden, der nicht auf einige wenige »magische Momente« in seinem Leben zurückblicken kann. Momente, in denen wir vor Glück zu »zerspringen« glauben, in denen es scheinbar nichts gibt, was uns nicht gelingen könnte. Was waren die »magischen Momente« in Ihrem Leben? Versuchen Sie einmal, sich in einen davon möglichst lebhaft und mit allen Sinnen hineinzuversetzen. Wie haben Sie sich in diesem Augenblick gefühlt? Welche Körperhaltung haben Sie eingenommen? Könnten wir dieses Gefühl, das lebhafte Bild, das wir von solchen Augenblicken in uns tragen, irgendwo in unserem Körper »speichern« und sozusagen »auf Knopfdruck« abrufbar machen, welcher unerschöpfliche Reichtum an Energie und Lebensfreude stünde uns dann zur Verfügung? Der Schlüssel zur Erfüllung dieses Wunsches hat einen beinahe unaussprechlichen Namen: Neurolinguistisches Programmieren (NLP).

**Magische Momente abrufbar machen**

Viele Menschen sehnen sich von ganzem Herzen nach persönlicher Weiterentwicklung, nach einem Aufbruch zu »neuen Ufern«. Auch fehlt ihnen nicht der Wille, mit allen zur Verfügung stehenden Mitteln an sich zu arbeiten. Der Traum vom besseren, erfüllteren Leben ist so alt wie die Menschheit selbst. Was aber, wenn wir keine positiven Ziele haben, keine genaue, lebhaft erfahrbare Vorstellung davon, wie wir als glückliche, gesunde und erfolgreiche Menschen leben, aussehen, handeln, uns fühlen werden?

**Erfolgreich werden**

Der wesentliche Unterschied zwischen erfolgreichen und erfolglosen Menschen besteht nicht zuletzt darin, daß die ersteren wissen, was sie wollen, während die letzteren lediglich wissen, was sie **nicht** wollen. Dies ist eine der wesentlichen Erkenntnisse von NLP.

Mit Hilfe dieser Methode können Sie lernen, was erfolgreiche Menschen zu allen Zeiten bewußt oder unbewußt praktiziert haben: Ihr Unbewußtes auf Erfolg zu »programmieren«.

Dieses Buch ist kein »Allheilmittel« gegen negative, bedrückende oder kränkende Erfahrungen. Es kommt aber darauf an, diesen negativen Erlebnissen ihre zähe und quälende Macht zu nehmen. NLP kann Ihnen helfen, negative Stimmungen durch einfache Techniken zu verwandeln, positive Stimmungen dagegen zu konservieren und in dunkleren Zeiten jederzeit »auf Abruf« zur Verfügung zu haben. Sie werden somit selbst zum Künstler Ihrer Gefühle. Wäre dies nicht ein Ziel, für das sich beinahe jeder Einsatz lohnt?

**Zum Künstler Ihrer Gefühle werden**

Sicher, es sind genügend Bücher auf dem Markt, die für alle denkbaren Probleme der Leser kluge Ratschläge parat haben. All diese Ratschläge sind richtig, nur helfen sie wenig, wenn Ihnen niemand erklärt, wie Sie Ihre Ziele erreichen sollen. Nehmen Sie einmal folgenden »weisen« Ratschlag: »Ihr Körper sollte stets schlank, beweglich und muskulös sein.« Wenn Ihr Körper aber ganz anders aussieht – zum Beispiel ein bißchen füllig und »schwach auf der Brust«, nützen radikale und energieaufwendige Diäten, Body-Building-Programme oder Tabletten auf Dauer nur wenig.

Ähnliches gilt auch für Ihr Seelenleben, Ihre Gefühle und Vorstellungen. Um mehr Kontrolle darüber zu haben, wie Sie sich in jedem Augenblick fühlen, müssen Sie anfangen, Ihre Vorstellungskraft und Ihre Sinneswahrnehmung zu »trainieren«. Dieses Buch versteht sich als ein detailliertes »Trainingsprogramm«, das Sie in einfachen, klaren, nachvollziehbaren Schritten dahin bringen soll,

**der** Mensch zu werden, der Sie schon immer sein wollten. Einzige Bedingung für den Erfolg: Sie müssen bereit sein mitzumachen. Bitte führen Sie alle vorgeschlagenen Übungen sachgemäß, mit Engagement und in der richtigen Reihenfolge durch. Dazu brauchen Sie Zeit, Geduld und Durchhaltevermögen. Es gibt hervorragende Anleitungsbücher für Bodybuilder, die Hanteln stemmen muß trotzdem jeder selbst.

**Zeit, Geduld und Ausdauer**

Der Körpertherapeut und Wissenschaftler Moshé Feldenkrais sagt: »Der Künstler ist keine andere Art von Mensch, aber jeder Mensch ist eine andere Art von Künstler«. Wollen Sie mit Hilfe von NLP zum »Künstler Ihres Lebens« werden oder geben Sie sich damit zufrieden, nur der Marmor zu sein, den andere Menschen – zum Beispiel Eltern, Lehrer, Vorgesetzte und Partner – bearbeiten, um ihm eine von ihnen gewünschte Form zu geben? Wir möchten Sie mit diesem Buch zu einer Entdeckungsreise einladen. Diese Reise wird Sie herausführen aus den engen Rahmen Ihrer eingefahrenen Lebensgewohnheiten und Ihnen die Vielfalt Ihrer ungenutzten Potentiale eröffnen. Lassen Sie sich mit allen Sinnen auf diese Entdeckungsreise ein und machen Sie aus Ihrer Zukunft im wahrsten Sinne des Wortes ein »Land der unbegrenzten Möglichkeiten«.

## NLP – was ist das ?

Zunächst möchten wir einen Blick auf die Entstehungsgeschichte des NLP werfen. Sie ist eng mit den Namen Richard Bandler, Psychologe und Informatiker, und John Grinder, Professor für Linguistik, verbunden. Anfang der siebziger Jahre dieses Jahrhunderts begannen die beiden befreundeten Amerikaner, die Arbeit von vier bedeutenden Therapeuten und Persönlichkeiten ihrer Zeit zu untersuchen. Diese hatten besonders »erfolgreiche« Therapieverfahren und Methoden in der zwischenmenschlichen Kommunikation entwickelt.

**Analyse vier erfolgreicher Therapeuten**

Die Ausgangsfrage von Bandler und Grinder war: Was machen diese vier Persönlichkeiten anders als andere, weniger erfolgreiche Therapeuten, und lassen sich ihre erfolgreichen Methoden, vor allem in der zwischenmenschlichen Kommunikation, systematisch erfassen und nachahmen?

## *Fritz Perls: »Gestalttherapie«*

Von Fritz Perls, dem Begründer der Gestalttherapie, lernten Grinder und Bandler Wesentliches über die Dimension der Zeit. Unser Bewußtsein, fand Perls heraus, bewertet gegenwärtige Ereignisse aufgrund vergangener Erfahrungen und zukünftiger Erwartungen. Durch plastische Vorstellungen von vergangenen und zukünftigen Ereignissen erhalten die Patienten Aufschluß darüber, wie Erinnerungen auf unser gegenwärtiges Erleben noch Einfluß nehmen.

## *Virginia Satir: »Systemische Familientherapie«*

**Aus vier Verfahren entsteht das NLP**

Von Virginia Satir, einer außergewöhnlich erfolgreichen Familientherapeutin, lernten Bandler und Grinder, wie man mit einer ausgefeilten Fragetechnik selbst die verworrensten Beziehungen klären und Verwicklungen auflösen kann.

## *Milton Erickson: »Hypnosetherapie«*

Der Psychiater Milton Erickson vermittelte den beiden mit seiner außergewöhnlichen Hypnosetherapie den Zugang zum Unbewußten. Mit der Kunst seiner Hypnosetechniken und Hypnosesprache erschloß er ihnen eine Ebene der Wahrnehmung, die bis dahin in der Therapie noch nie eingesetzt worden war.

## *Moshé Feldenkrais: »Bewußtheit durch Bewegung«*

Der Physiker und Verhaltensforscher Moshé Feldenkrais lehrte die beiden schließlich, den Zusammenhang zwischen Bewegung, Sinneswahrnehmung und Denkmustern zu erkennen. Seine Körpertherapie »Bewußtheit durch Bewegung« veranschaulicht diese Beziehung: »Ich bin nicht an beweglichen Körpern, sondern an beweglichem Geist interessiert.« (Feldenkrais)

**Bewegen, wahrnehmen und denken**

## *Die Begründer des NLP*

Nachdem Bandler und Grinder die Arbeit dieser vier Therapeuten ausführlich studiert hatten, versuchten sie, in deren »Haut zu

schlüpfen«: Sie kopierten ihre Verhaltensweisen so lange, bis sie die gleichen Ergebnisse erzielten wie die Therapeuten selbst.
In der nächsten Phase tauschten sie Therapieschritte der Therapeuten untereinander aus und optimierten sie durch Tests an sich und ihren Klienten so lange, bis sie ein Modell fanden, das sie zufriedenstellte. Die faszinierende Einfachheit und Effektivität ihrer Lernanleitungen verbreitete sich schnell.
Diese Entwicklung gibt uns als Anwender auch einen Hinweis für unseren eigenen Umgang mit NLP: Im ersten Schritt beobachten wir durch eine geschulte Wahrnehmung, was wir im Augenblick gerade tun. Im zweiten Schritt machen wir uns aufgrund unseres Bedürfnisses nach Veränderung ein Wunsch- oder Zielbild von uns selbst. Im dritten und letzten Schritt springen wir in dieses Bild hinein, um es zu testen, zu verbessern und an unsere Lebensweise anzupassen.

**NLP – ein Verfahren in drei Schritten**

## NLP – drei Buchstaben beim Wort genommen

### *»N« wie Neurologische Prozesse*

Der Mensch ist Urheber seiner Welt und seines Schicksals. Das heißt, er konstruiert seine Welt durch die Art, wie er sie wahrnimmt, selbst in Situationen, in der er sich als völlig machtlos empfindet. Andererseits besitzt er alles Wissen und jede Fähigkeit, um **seine** Probleme zu lösen. Er kann (fast) jedes gewünschte Ziel verwirklichen.
**Jedes menschliche Verhalten besteht aus neurologischen Prozessen**: Nerven nehmen Reize auf und transportieren sie zum Gehirn; dort werden sie gefiltert und verarbeitet. Unser Verhalten entwickelt sich durch Sehen (visuelle Reize), Hören (auditive Reize), Berühren (kinästhetische Reize), Riechen (olfaktorische Reize) und Schmecken (gustatorische Reize). Mit Hilfe unserer fünf Sinne filtern wir alles, was an Informationen, Signalen und Reizen aus der Umwelt in uns eindringt: Jeder einzelne unserer Kontakte mit der Umwelt, der »**objektiven Wirklichkeit**«, geschieht über

**Die objektive Wirklichkeit**

Sinneswahrnehmung ist völlig subjektiv

unsere **Sinneswahrnehmung.** Jeder von uns aber nimmt etwas anderes wahr: Durch die Sinneseindrücke eines jeden Menschen entsteht eine nur ihm eigene Welt, die »**subjektive Wirklichkeit**«. Wenn wir beispielsweise eine Tomate sehen, nimmt jeder zwar eine rote Frucht mit einer bestimmten Form (die »objektive Wirklichkeit«) wahr. Jeder Betrachter dieser Tomate aber verbindet seine individuelle Informationen oder Erfahrungen mit dieser Frucht (die »subjektive Wirklichkeit«): Einer kann rohe Tomaten zu jeder Zeit essen, der Zweite ißt Tomaten nur gekocht, ein Dritter lehnt es ab, sie zu essen, weil es Nachtschattengewächse sind.

**Die subjektive Wirklichkeit**

## *»L« wie Linguistischer Ausdruck*

Worte sind Brücken , die unsere innere Welt mit dem Außen verbinden, somit ist Sprache der individuelle Ausdruck unserer subjektiven Wahrnehmung. Wenn wir bedenken, wie einmalig und damit für jeden verschieden unser aller Sinneseindrücke sind, erkennen wir aber, wie schwierig es ist, anhand der Worte, die jemand gebraucht, sein inneres Erleben zu verstehen. Um wieviel schwieriger ist es, unser eigenes Erleben in für jedermann verständlicher Sprache auszudrücken!

**Sprache und subjektive Wahrnehmung**

Um bei dem Beispiel mit der Tomate zu bleiben: Versuchen Sie einmal, einem Menschen, der noch nie eine Tomate gesehen und gegessen hat, zu erklären, wie sie genau aussieht, riecht und schmeckt! Das gilt natürlich nicht nur für »Tomaten«, sondern auch für abstrakte Begriffe wie »Liebe« und »Kunst«.

### *»P« wie Programmieren von Verhalten*

Jeder von uns hat aufgrund seiner Wahrnehmung und seiner Erfahrungen bestimmte Verhaltensweisen entwickelt, von denen er zunächst annimmt, daß sie den jeweiligen Alltagssituationen angemessen sind. Diese individuellen »Verhaltensprogramme« nennt man auch **Prägungen** oder **Muster**. Ihnen folgt jedes Lebewesen unbewußt und automatisch. Sie bestimmen uns, so zu sein, wie wir sind – auch wenn wir uns manchmal eine andere Reaktion wünschen. Diese Programme zu erkennen, heißt auch, sie anzuerkennen und zu lernen, sie gegebenenfalls zu verändern.

**Erkennen von Verhaltensprogrammen**

Um bei der Tomate zu bleiben: Jeder von uns hat andere Angewohnheiten, sie zu essen – ob salzig, roh, gekocht – oder sie aus unterschiedlichen Beweggründen abzulehnen .

## Die NLP-Methode

»Würdest Du mir bitte sagen, wie ich von hier aus weitergehen soll!«
»Das hängt zum größten Teil davon ab, wohin Du möchtest«, sagte die Katze.
»Ach, wohin ist mir eigentlich gleich«, sagte Alice.
»Dann ist es auch egal, wie Du weitergehst«, sagte die Katze.
(Aus: »Alice im Wunderland« von Lewis Carroll).

Dieses Zitat ist charakteristisch für die Ziellosigkeit, mit der sich viele Menschen durchs Leben treiben lassen.

**NLP als Orientierungshilfe**

NLP liefert eine kreative Orientierungshilfe; es ist ein Modell, das Ihnen hilft, Überblick über die einschränkenden Aspekte des Lebens zu gewinnen, um die eigenen Bedürfnisse an ein gesundes Leben zu verwirklichen.

Im NLP fragen wir »Behindert Sie etwas im Hinblick auf das Erreichen Ihres Ziels?« »Was wollen Sie statt des Problems?«

Nehmen wir das Beispiel eines Rauchers, der sich bemüht, sein Laster loszuwerden. Ein Psychologe erklärt ihm, daß die Zigarette für ihn Ersatz einer »oralen Befriedigung« darstellt, die ihm als Säugling versagt geblieben war, weil ihn die Mutter zu selten zur Brust genommen hatte. Diese Erkenntnis führt aber keineswegs automatisch dazu, daß sich der Mann das Rauchen auch tatsächlich abgewöhnt. Vielleicht fehlt ihm einfach eine lebhafte Vorstellung von sich selbst als zufriedenem Nichtraucher.
Viele Menschen scheinen gleichsam »rückwärts« durch das Leben zu gehen, den Blick starr auf die Vergangenheit gerichtet. Wie jeder weiß, besteht beim Rückwärtslaufen aber eine wesentlich größere Gefahr, zu stolpern oder sich im Weg zu irren. Das Wühlen in Problemen aus der Vergangenheit führt nur dazu, diesen Problemen durch Ihre Aufmerksamkeit immer neue Nahrung zu geben. Schalten Sie den »Vorwärtsgang« ein – hin zu neuen, positiven Zielen. Dazu ist es notwendig, Bedürfnisse und Ziele zu entdecken und zu formulieren, aber auch die Hindernisse zu erkennen, die Sie bisher von der Realisierung Ihrer Ziele abgehalten haben.

**Neue, positive Ziele finden**

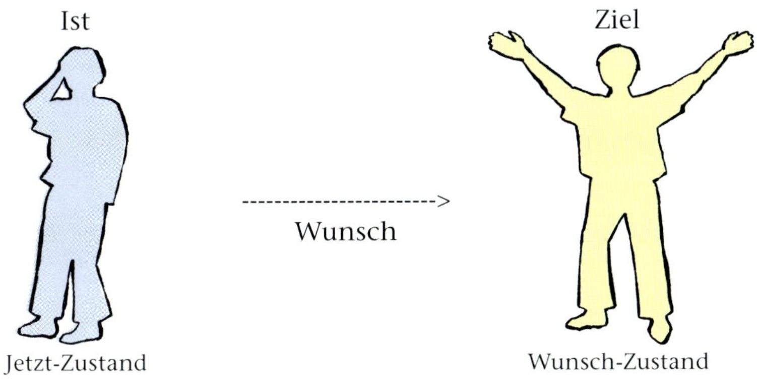


## *Acht Schritte zur Veränderung*

### *1. Setzen Sie sich ein attraktives Ziel!*

Wie wir heute aus der Verhaltensforschung wissen, ist eine Verhaltensänderung erst möglich, wenn man sich ein attraktives, ein magnetisch-anziehendes Ziel setzt. Erst dann werden alle Kräfte des Unbewußten aktiv und richten sich nach dem Ziel aus.

## *2. Machen Sie sich ein Bild von sich selbst im Ziel!*

»Jeder Mensch bewegt sich, empfindet, denkt und spricht auf die ihm eigene Weise, dem Bild entsprechend, das er sich im Laufe seines Lebens von sich gemacht hat.« (Moshé Feldenkrais)
Wenn Sie also ein Ziel erreichen wollen, müssen Sie auch ein »Zielbild« von sich schaffen können, das Sie in Ihrem Wunschzustand zeigt. Veränderungen in der äußeren Welt können nur stattfinden, wenn Sie zunächst etwas in Ihrer inneren Welt verändert haben. Jede Vorstellung hat die Tendenz, sich in der Realität zu materialisieren, Wirklichkeit zu werden. Darin liegt eine großartige Chance, Ihr Schicksal durch kreative Vorstellung selbst in die Hand zu nehmen. Wenn Sie Ihr positives Zielbild immer im Kopf mit sich herumtragen, wird Ihr Unterbewußtsein Ihr Verhalten so beeinflussen, daß Sie sich unaufhaltsam auf Ihr Ziel zubewegen.

**Veränderungen geschehen von innen nach außen**

## *3. Formulieren Sie positiv, um Ihr Ziel zu beschreiben!*

Unser Unterbewußtsein kennt keine Negationen wie »nicht« oder »kein«. Beispiel: Stellen Sie sich **nicht** einen rosa gepunkteten Elefanten vor. Um sich etwas **nicht** vorzustellen, müssen Sie es sich erst einmal vorstellen. Auf diese Weise beschäftigen Sie Ihr Unterbewußtsein mit etwas, was Sie ja eigentlich nicht wollen.
Sie machen sich die Veränderungsarbeit an sich selbst leichter, wenn Sie sich nur auf das konzentrieren, **was Sie tatsächlich wollen**. Geben Sie deshalb Ihrem Unterbewußtsein einen klaren Auftrag, womit es sich beschäftigen soll.

**Konzentrieren Sie sich auf das, was Sie wollen**

Vermeiden Sie **negative Formulierungen** wie:

- »Ich möchte nicht mehr so verspannt und nervös sein.«
- »Ich will nicht mehr so viel essen!«

Benutzen Sie stattdessen **positive Formulierungen** wie:

- »Ich möchte lernen, mich besser zu organisieren, damit ich zwischendurch Zeit für mich habe und entspannen kann!«
- »Ab heute werde ich anders einkaufen und zu einer Mahlzeit am Tag nur Gemüse, Salat oder Obst essen, um mich besser zu fühlen.«

## *Mein neues Verhalten*

| weg von | hin zu |
|---|---|
| **nicht**: (–) | **das möchte ich**: (+) |
| verspannt sein | entspannt sein |
| nervös sein | ruhig sein |
| viel essen | anders einkaufen |

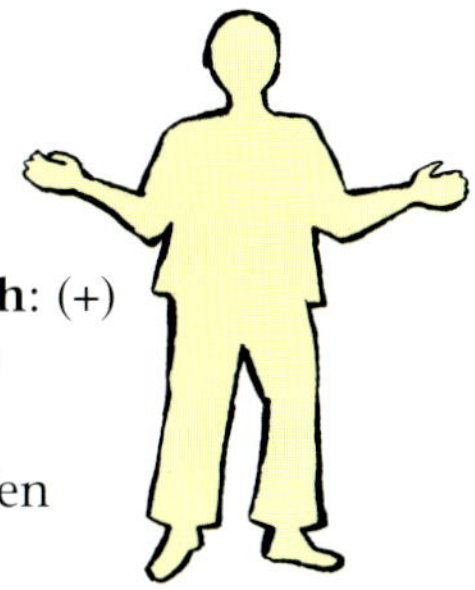

### *4. Achten Sie darauf, daß Sie Ihr Ziel durch eigenes Handeln erreichen können!*

Manche Ziele, die wir uns setzen, machen ein eigenes Handeln scheinbar unnötig, zum Beispiel, wenn wir uns vornehmen: »Mein Ziel ist es, daß sich das Verhältnis zu meinem Chef verändert.« Stillschweigend gehen wir davon aus, daß die andere Person sich ändern muß, damit das Verhältnis besser wird.

**Das Problem selbst aktiv lösen**

NLP fordert Sie dazu auf, die Schuld nicht immer in der Außenwelt zu suchen. Wer sich grundsätzlich als »Opfer« fühlt, vergibt sich die Chance, seinen eigenen Anteil an einem Problem zu erkennen und an dessen Lösung aktiv zu arbeiten. Die Frage bei NLP lautet deshalb: »Was kann **ich** tun, damit ich das Ziel erreiche?« Denken Sie deshalb nicht so sehr daran, was andere tun müssen, sondern was Sie selbst dazu beitragen können, um eine von Ihnen gewünschte Situation herbeizuführen.

### *5. Ändern Sie den Weg zum Ziel, nicht Ihr Ziel!*

**Neue Verhaltensperspektiven finden**

Wenn Sie sich ein Ziel gesetzt haben, geben Sie sich damit eine Ausrichtung: »Ich will genau in diese Richtung.« Dabei gibt es unzählige Wege und Möglichkeiten, zum Ziel zu gelangen. Sie bringen Ihr gesamtes Denken und Handeln aus dem Gleichgewicht, wenn Sie bei auftretenden Schwierigkeiten immer wieder Ihr Ziel wechseln. Mit Hilfe von NLP können Sie daran arbeiten, Ihre Sinne zu schärfen, um neue Verhaltensperspektiven zu finden, mit denen Sie Ihr Ziel erreichen.

### *6. Haben Sie Geduld mit sich selbst! Geben Sie sich ausreichend Zeit zur Veränderung!*

Veränderungen stellen sich nicht plötzlich und sofort ein. Altgewohntes klebt manchmal wie Kaugummi an uns fest. Wenn der neu eingeschlagene Weg wirklich attraktiver erscheint und das neue Verhalten ein »Mehr an Leichtigkeit« verspricht, werden Sie es auch nutzen.

### *7. Überwinden Sie Zweifel durch praktisches Tun!*

**Probieren geht über Studieren**

Sollten sich Zweifel einstellen, wie beispielsweise: »Funktioniert es überhaupt? Ist es nützlich? Wird es das gewünschte Resultat bringen?«, möchten wir Sie auffordern, dieses leichte und schrittweise Lernen als eine tägliche Herausforderung anzunehmen. Finden Sie heraus, ob es funktioniert, indem Sie es einfach ausprobieren. Nehmen Sie sich täglich eine Übung vor und achten Sie auf die kleinen Veränderungen, die sich dabei in Ihrem Alltag einstellen.

### *8. Prüfen Sie Ihre Eigenmotivation!*

Wollen Sie überhaupt glücklich, gesund und erfolgreich sein? Vermutlich erscheint Ihnen diese Frage absurd, denn natürlich würde niemand sie bewußt mit »nein« beantworten.

Dennoch liegen die Dinge nicht so einfach, wie es den Anschein hat. Für manche Menschen ist es offenbar bequemer und angenehmer, ihr Leben weiterhin unglücklich, krank oder erfolglos zu fristen. Beinahe jeder Nachteil im Leben ist mit einem versteckten, dem Betroffenen meist unbewußten Vorteil verknüpft, der sogenannten positiven Absicht hinter einem Verhalten.

**Jedes Verhalten hat eine positive Absicht**

Wenn ich mit Grippe im Bett liege, ist die positive Absicht vielleicht, daß ich nicht zur Arbeit gehen muß und ich von meinem Lebenspartner ausgiebig gepflegt werde. Wenn ich im Beruf keinen Erfolg habe, ist dies vielleicht mit weniger Streß verbunden und es erspart mir den Neid meiner Mitmenschen. Mein Gewinn als »Verlierer« besteht möglicherweise darin, mich als »guter« Mensch zu fühlen, dem »oberflächliche« Dinge wie Geld oder ein großes Auto nichts bedeuten, da er von seinen Eltern gelernt hat, daß reiche Leute einen schlechten Charakter haben und er es auf diese Weise fertig gebracht hat, seine beruflichen Aufstiegschancen unbewußt zu blockieren. Wenn Sie also zum Beispiel gern mehr Aufmerksamkeit haben oder gepflegt werden möchten, können Sie sich diese Vorteile vielleicht auch anders als über eine Grippe zukommen lassen. Sollten sich Ihnen die Fragen stellen: »Will ich? Bin ich überhaupt motiviert? Gebe ich mir überhaupt eine Chance?«, dann ist es wichtig, Ihre persönlichen Einschränkungen aufzuspüren und die positive Absicht darin zu erkennen.

## NLP: Die Freiheit der Wahl

**Unbewußte Programme verändern**

NLP ist ein Modell, unsere subjektive Wahrnehmungswelt zu beschreiben. Die Idee dahinter ist: Wenn wir uns unsere unbewußten Verhaltensmuster und Programme bewußt machen, dann sind wir in der Lage, sie wie gewünscht zu verändern. Wenn ich aber keine Vorstellung davon habe, was ich verändern möchte, weiß ich auch nicht, wie ich feststellen kann, ob und wie sich etwas verändert hat.
Erst wenn diese Frage geklärt ist, liefert das NLP Methoden, die Ihnen das »Wie« der Veränderungsarbeit zeigen. **Nicht das Problem ist das Problem, sondern die Art, wie wir damit umgehen**.

## NLP im Gesundheitsbereich

**Gefühle respektieren**

Was immer Sie bei sich entdecken, auch wenn es sich dabei um schmerzhafte oder »verbotene« Gefühle handelt: Wir bitten Sie, es zu respektieren als einen wichtigen Teil von sich. Beachten Sie Ihre tiefsten Bedürfnisse und Wünsche, anstatt sie zu verleugnen und sich selbst herabzusetzen.
Denn all unsere heutigen Eigenschaften und Verhaltensweisen sind irgendwann einmal entstanden, um uns zu helfen, sei es, um uns zu schützen oder um uns am Leben zu erhalten.
Den Umgang mit Feuer oder »heiß« beispielsweise haben wir irgendwann einmal als Kind gelernt, als wir die Flamme einer Kerze oder einen Herd angefaßt haben. Diese wichtige Erfahrung hat uns über

einen vielleicht schmerzhaften Weg gelehrt, vorsichtig und respektvoll mit Feuer oder Hitze umzugehen. Feuer und Hitze als »heiße objektive Wirklichkeit« hat in unserer »subjektiven Wirklichkeit« eine ganz spezielle und einmalige Erfahrung geprägt. Diese lehrt uns, wann Feuer und Hitze für uns dienlich sind und wann sie schmerzhaft sind. Seien Sie also dankbar für alles, was Sie bei sich entdecken. Nutzen Sie es als **eine Quelle innerer Weisheit**.

## *Sich frei entscheiden können*

Wenn wir gesund bleiben oder werden wollen, ist es wichtig, unsere innersten Bedürfnisse und Gefühle in belastenden Situationen, bei physischem oder psychischem Unwohlsein oder bei Schmerzen zu erforschen, anstatt sie mit Medikamenten, Alkohol oder Überaktivität zu unterdrücken. Nur so finden wir heraus, was wir wirklich für unsere Gesundheit brauchen.

**Im Einklang mit seinen Bedürfnissen leben**

Menschen, die sich wohl fühlen und erfolgreich mit sich umgehen, leben im Einklang mit ihren Bedürfnissen. Diese Bedürfnisse sind in vier wesentliche Bereiche unterteilt (nach Maslow):

- physiologische Bedürfnisse (Essen, Trinken, Schlaf, Atmen)
- Bedürfnis nach Sicherheit (Schutz, Vorsorge)
- soziale Bedürfnisse (Liebe, Zugehörigkeit, Kontakt)
- Bedürfnis nach Achtung (Prestige, Anerkennung)

Die Nichterfüllung auch nur eines dieser Bedürfnisse kann zu Krankheit, Entbehrung und Schmerz führen, die Erfüllung aller zu Gesundheit und seelischem Gleichgewicht.

Versuchen Sie, Ihre eigenen innersten Bedürfnisse und Gefühle zu erforschen und zu beachten. Sowohl in Stunden der Traurigkeit oder Unruhe läßt sich dies lernen, aber auch aus einem einzigen Moment der Zufriedenheit oder guter Laune.

Der Weg zu Selbstakzeptanz und Selbstbestimmung geht über das Verändern von gewohnheitsmäßigen Verhaltensweisen. Das bedeutet, die Faktoren zu erkennen, die unseren Entscheidungsfreiraum beeinflussen.

**Von Zwängen zu freien Entscheidungen**

Lernen Sie in bezug auf Ihre Gesundheit, starre Regeln umzuwandeln (zum Beispiel: Ich muß immer fit sein) in sanfte (zum Beispiel: Ich kann Sport treiben, ich darf aber auch faulenzen). Somit gelangen Sie von Zwängen zu freien Entscheidungen. In der Entdeckung des eigenen Entscheidungsfreiraumes, das heißt zwischen verschie-

denen Verhaltensweisen wählen zu können, liegt die phantastische Möglichkeit, unser Leben einzigartig zu gestalten.
Nicht das, was uns geschieht, verletzt uns, sondern die Art, wie wir darauf reagieren. Es liegt in unserer Natur, unsere Persönlichkeit zu gestalten, nicht aber, gestaltet zu werden. Das gibt uns sowohl die Möglichkeit, zu wählen, wie wir auf bestimmte Bedingungen reagieren wollen, als auch die Kraft, Bedingungen zu verändern.
Die Initiative zu ergreifen, bedeutet nicht, drängend, unangenehm oder aggressiv zu sein. Es heißt vielmehr, Verantwortung dafür zu übernehmen, daß Dinge geschehen, deren Teil wir sind. Und diesen Prozeß gilt es bewußt zu gestalten. Dafür möchte Ihnen dieses Buch wertvolle Anregungen geben.

**Die Verantwortung für sich übernehmen**

## *Vom Bedürfnis zur Entscheidung*

Bedürfnisse erkennen

Verhaltensmöglichkeiten überprüfen

Entscheidungen treffen

nicht gut

gut

# Sich selbst und andere besser verstehen

***»Die Seele denkt nie ohne Bild«,*** **wußte schon in der Antike der griechische Philosoph Aristoteles. Durch bewußtes Wahrnehmen und bildhaftes Vorstellen (Visualisieren) können Sie sich selbst und andere besser verstehen, sich in Ihr Gegenüber leichter einfühlen und eigene Zielsetzungen sicher erreichen. In diesem NLP-Basiskurs schulen und schärfen Sie Ihre sinnlichen Wahrnehmungen, die die Voraussetzung für jedes Lernen und jede Verhaltensänderung darstellen. Die Übungen werden Ihnen zu der Erkenntnis verhelfen, daß sich Ihr alltägliches Verhalten in einem selbstgesteckten Rahmen abspielt. Dieses Bewußtmachen ebnet Ihnen bereits den Weg zu neuen Verhaltensweisen.**

# NLP-Basiskurs

Kein Mensch gleicht dem anderen in seinem Erscheinungsbild und in seinem inneren Erleben. Wie ist es zu erklären, daß wir so und nicht anders denken, empfinden, uns bewegen und unsere Sinne gebrauchen? Unser Leben und Handeln, so fand Moshé Feldenkrais, der Begründer der Feldenkrais-Methode (Seite 13) heraus, wird von einem inneren Bild bestimmt, das wir uns von uns selbst gemacht haben. Sehe und fühle ich mich beispielsweise als eine unscheinbare, graue Maus, werden mein Handeln und meine Ausstrahlung auch entsprechend farblos sein.

**Äußeres Handeln und inneres Ich-Bild**

Dieses **Ich-Bild** oder **Inner-Ich** ist teils ererbt, teils anerzogen und zu einem dritten Teil durch Selbsterziehung entstanden. Von diesen drei Faktoren, so Feldenkrais, haben wir nur den letzten, die Selbsterziehung einigermaßen in der Hand. Darin liegt unsere Verantwortung für unser Leben – und unsere große Chance. Wer sich ausschließlich als Opfer seiner genetischen Anlagen oder von den Eltern verschuldeter frühkindlicher Traumata sieht, hat es in gewisser Weise leichter, denn stets ist bei jedem Mißgeschick ein »Schuldiger« parat. Das Leben eines solchen Menschen wird aber eine tragische Ansammlung ungenutzter Möglichkeiten bleiben, solange er nicht begreift, daß es zum großen Teil an ihm selbst liegt, seine Persönlichkeit stets aufs Neue zu »erfinden« und zu gestalten.

Jede Veränderung, die wir in uns bewirken wollen, setzt voraus, daß wir unser Ich-Bild verändern lernen. Dieses NLP-Basisprogramm will Ihnen helfen, zunächst eine lebhafte Vorstellung davon zu entwickeln, was für ein Mensch Sie sein wollen. Auf diese Weise können Sie es mit etwas Übung schaffen, dieser Mensch auch tatsächlich zu werden.

**Verändern des inneren Ich-Bilds**

Hierfür sind zunächst die drei Vorübungen zum leichteren Erlernen des Visualisierens gedacht. In einem weiteren Schritt wollen wir Ihnen dabei helfen, sich über Ihren **Status Quo**, den **Ist-Zustand**, Klarheit zu verschaffen.

Nachdem Sie dann Ihr **Ziel** positiv und unmißverständlich formuliert haben, zeigen wir Ihnen Methoden, um dieses Ziel zu erreichen. Sie lernen, einen genauen **Aktions- und Zeitplan** zu entwickeln, der Sie Ihrem Ziel näher bringt.
Ein Wort vorab: Bitte führen Sie alle beschriebenen Übungen wirklich durch. Lassen Sie sich genügend Zeit und gehen Sie erst dann zum nächsten Schritt über, wenn Sie den vorhergehenden Lernschritt begriffen haben. Wenn Sie dieses Buch wie einen Roman in einem Zug durchlesen, wird es für Sie ebenso nützlich sein, wie ein Kochbuch, dessen Rezepte Sie nie selbst ausprobieren.

**Ihr Mitmachen ist wichtig**

# Drei Visualisierungsübungen

## *Vorbereitung*

▶ Suchen Sie sich einen Platz, an dem Sie möglichst ungestört sind. Für diese drei kleinen Übungen brauchen Sie etwa 15 Minuten Zeit. Lesen Sie zunächst die Übungsanleitung, stellen Sie sich die Ausführung vor Ihrem geistigen Auge vor und führen Sie die Übungen dann in der angegebenen Reihenfolge aus.

## *Erste Übung*

▶ Betrachten Sie eine der geometrischen Figuren: Quadrat, Kreis oder Dreieck.
● Schließen Sie die Augen und stellen Sie sich die Figur vor.
● Wiederholen Sie die Übung so häufig, bis Sie die Figuren gut vor Ihrem inneren Auge erkennen können.

**Vorstellen vor dem inneren Auge**

## *Formen zum Visualisieren*

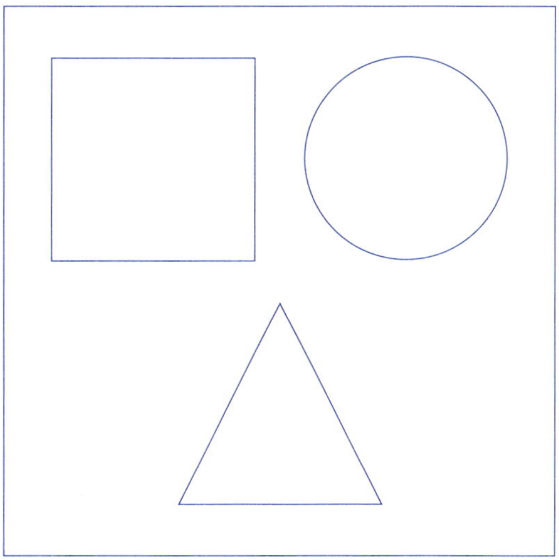

## *Zweite Übung*

▶ Untersuchen Sie einen dreidimensionalen Gegenstand, zum Beispiel eine Tomate, eine

Lampe oder ähnliches. Dabei können Sie den Gegenstand mit den Händen berühren, oder ihn mit einem Finger in der Luft nachzeichnen.

- Schließen Sie die Augen und stellen Sie sich den Gegenstand vor: Welche Farben und Formen sehen Sie? Wie weit ist der Gegenstand von Ihrem »inneren Auge« entfernt? Sehen Sie ihn scharf oder verschwommen? Welche Details können Sie erkennen?
- Wiederholen Sie die Übung, bis Sie mit Ihrem inneren Bild in allen Details zufrieden sind.

## *Dritte Übung*

▶ Stellen Sie sich die Wohnung Ihrer Kindheit vor. Gehen Sie in Gedanken von Zimmer zu Zimmer.

- Mit Hilfe Ihrer Vorstellungskraft fügen Sie den Bildern weitere sinnliche Komponenten hinzu: Läuft Ihr innerer »Film« in Schwarz/Weiß oder in Farbe ab? Sind Ihre Erinnerungen mit Geräuschen, Gerüchen und Gefühlen verbunden?

**Erinnerungen mit allen Sinnen erleben**

Nach diesen Visualisierungsübungen zeigen wir Ihnen, wie Sie durch die Arbeit an Ihrem Selbstbild Schritt für Schritt den Weg vom gegenwärtigen Ich-Zustand zu Ihrem Ziel finden.

### *Tip für den Alltag*

Üben Sie das Visualisieren so oft wie möglich. Sie werden überrascht sein, wie lebhaft Ihre Vorstellungen werden, wieviel Phantasie und Kreativität in Ihnen stecken.

## Vom Jetzt-Zustand zum Ziel

Für die folgenden drei Übungen brauchen Sie jeweils 10 bis 20 Minuten Zeit. Führen Sie die Übungen hintereinander ohne größere Unterbrechungen durch. Suchen Sie sich einen Ort, an dem Sie möglichst ungestört sitzen und auch ein paar Schritte

**Die Übung vor dem inneren Auge vorstellen**

gehen können. Legen Sie sich einen Papierblock, von dem Sie einige Blätter abreißen können, und einen Stift bereit.
Lesen Sie zunächst nur die Anleitung zur ersten Übung. Mit geschlossenen Augen versuchen Sie, die einzelnen Schritte vor Ihrem inneren Auge zu wiederholen. Beginnen Sie dann erst mit der Übung. Nach einer kurzen Zeit des Arbeitens öffnen Sie wieder die Augen und lesen Sie nach, ob Sie etwas übersehen haben. Wenn ja, bauen Sie diesen Punkt in Ihre begonnene Arbeit ein und fahren Sie mit der Übung fort.

## *Erste Übung: Wie ist Ihr aktueller Ich-Zustand?*

### *Ziel der ersten Übung*

**Sich selbst bewußt wahrnehmen**

Jede mögliche Veränderung beginnt mit der Fähigkeit zu bewußter Eigenwahrnehmung. Erst wenn uns klar wird, wie wir uns gewöhnlich verhalten, können wir uns bewußt dafür entscheiden, uns in Zukunft anders zu verhalten.
In unserer eher verstandesbetonten Zeit ist die Wahrnehmung ihres Körpers bei vielen Menschen unterentwickelt. Diese Übung will Ihnen helfen, mehr Achtsamkeit für sich selbst, mehr Gespür für Ihren Körper und seine Position im Raum zu entwickeln. Sie werden außerdem entdecken, daß eine Haltung oder ein inneres Bild mit einem bestimmten Gefühl verknüpft ist. Dies wird im NLP »**kinästhetische Repräsentation**« genannt.

**Haltung und Gefühl**

**1** Schließen Sie die Augen und machen Sie im Sitzen eine kleine Wanderung durch Ihren Körper, ohne Ihre Haltung zu verändern oder zu korrigieren:

- Nehmen Sie Ihre **Körperhaltung** wahr: Sitzen Sie aufrecht oder gebeugt? Wie halten Sie Ihre Beine, und wie stehen Ihre Füße? Welche Seite Ihres Gesäßes spüren Sie deutlicher auf der Unterlage? Wie halten Sie die Wirbelsäule und den Kopf und wie die Arme?
- Können Sie jedes einzelne Körperteil (hinten und vorne) in Länge, Form und in seinem Umfang innerlich **sehen** und eventuell Temperatur und Schwere **fühlen**?
- Wie ist die **Spannung** in Ihrem Bauch, in den Schultern, im Gesicht (Mundpartie) und in den Händen?
- Während Sie Ihren Körper, seine Haltung und eventuelle Spannungen spüren, achten Sie auch auf Ihre **Atmung**: Wohin genau fließt sie? Fühlen Sie die

**Auf die Atmung achten**

Atembewegungen und den Atemraum?

**2** Wenn Sie Ihren Körper mit dem »inneren Auge« durchwandert und ihn als Ganzes gespürt haben, wie urteilen Sie über Ihr augenblickliches Befinden?

**Das Befinden in Worten beschreiben**

- Beschreiben Sie sich selbst laut sprechend zum Beispiel als die/der Müde-Konzentrierte, die/der Angespannt-Irritierte oder als die/der Neugierig-Suchende.
- Kommt Ihnen dieses Bild von sich selbst bekannt vor; ist es charakteristisch, typisch für Sie?

## *Tip für den Alltag*

Sie werden sich jetzt immer häufiger und zunehmend mehr Ihrer Körperhaltung bewußt, die Ausdruck Ihres inneren Zustands ist. Achten Sie bei alltäglichen Gewohnheiten wie Zähneputzen, Essen, Stehen oder Gehen auf Ihre Haltung, auf Atmung und Spannungen im Körper. Denn: Die Art, **wie** Sie sich bewegen, gibt Aufschluß darüber, **was** Sie bewegt.

## *Zweite Übung: Vom Ich-Zustand zum Wunsch-Zustand*

### *Ziel der zweiten Übung*

Mit Hilfe der folgenden Übung können Sie in Ihrer Phantasie der Wirklichkeit einen Schritt vorauseilen. Sie lernen, sich mit Ihrem Wunschbild zu identifizieren, in der NLP-Sprache »**zu assoziieren**«, und Ihr Unbewußtes ständig auf dieses Ziel hin zu programmieren.

**Sich mit dem Wunschbild assoziieren**

**1** Stellen Sie sich vor, Sie könnten sich selbst wie auf einer Kinoleinwand oder in einem Spiegel beobachten. Projizieren Sie also Ihre Erscheinung auf diese innere Leinwand oder einen imaginären Spiegel, so als sähen Sie eine/n Schauspieler/in.

- Wie steht er/sie da? Wie ist die Haltung der Schultern, des Rückens, der Beine und des Kopfes? Welchen Ausdruck hat das Gesicht, und was drückt diese Haltung insgesamt aus?
- Sehen Sie sich von vorne, von hinten oder von der Seite? Eher groß, klein, hell oder dunkel?
- Was würden Sie über diese Person sagen? Was kann und tut sie? Was empfinden Sie bei der Betrachtung dieses Menschen?

- Welche Meinung hat Ihr Spiegelbild von sich?
- Halten Sie Ihre Entdeckungen mit ein paar Notizen fest. Sie werden sie für den nächsten Schritt brauchen.

**Idealbild auf imaginärem Spiegel**

**2** Auf einer zweiten Leinwand oder einem imaginären Spiegel stellen Sie neben dieses erste Bild ein Wunsch- oder Idealbild von sich selbst:

- Geben Sie ihm die Körperhaltung, den Ausdruck und die Ausstrahlung, die Sie sich wünschen.
- Falls dies nicht gelingen sollte, stellen oder setzen Sie Ihr Vorbild oder Idol hin, das über die Eigenschaften verfügt, die Sie sich wünschen.
- Nehmen Sie sich ausreichend Zeit, dieses Bild **mit all den Qualitäten auszustatten**, die Sie auch gerne hätten.
- Wie groß, in welchem Licht, in welcher Stellung, mit welcher Haltung, Gestik und Mimik nehmen Sie diesen Menschen wahr?
- Welche Meinung hat diese Person von sich? Welche Lebenseinstellung und Fähigkeiten hat sie?
- Schreiben Sie in Stichpunkten die Antworten auf.
- Vergleichen Sie nun die beiden Bilder. Welche Unterschiede fallen Ihnen auf?

**In die Wunschfigur hineinschlüpfen**

**3** Springen Sie nun in das zweite Bild (in der NLP-Sprache nennt man diesen Vorgang »sich assoziieren«). Steigen Sie in Gedanken in diese »Wunschfigur«, schlüpfen Sie in ihre Haut und in ihre Haltung.

- Welches Gefühl und welche innere Haltung haben Sie nun? Wie atmen Sie jetzt? Genießen Sie diesen Zustand ein paar Minuten.
- Wiederholen Sie den letzten Schritt so lange, bis Sie an sich deutliche Veränderungen spüren. Veränderungen können Sie folgendermaßen erkennen: Ihre Atmung wird vielleicht intensiver oder tiefer. Sie erleben sich vielleicht als leichter oder beweglicher. Möglicherweise lächeln Sie oder kommen sich ein wenig größer vor. Vielleicht können Sie besser hören und Sie spüren, daß alle Ihre Sinne wacher geworden sind.

### *Tip für den Alltag*

Machen Sie diese Übung möglichst jeden Tag, um Ihr **Unbewußtes** mehr und mehr auf Ihr **Wunschbild** zu programmieren.

### *Beispiel aus der Praxis*

Beim Autofahren lernen Sie zuerst, wie die Fußpedale, der Schalthebel und die Lenkung bedient werden. Die ersten Stunden fahren Sie angespannt und führen jede Bewegung bewußt durch. Dann erst rutscht das Gelernte ins Unbewußte. Wenn Sie heute mit dem Auto fahren, müssen Sie nicht mehr darauf achten, wann Sie den Gang wechseln, die Kupplung treten oder den Blinker setzen. Die Handlungen führen Sie »automatisch« aus, ohne ihnen Aufmerksamkeit widmen zu müssen.
Lassen Sie sich also nicht entmutigen, wenn Ihnen eine NLP-Übung anfangs noch etwas anstrengend vorkommt. Mit der Zeit wird es leichter und geht »in Fleisch und Blut über«.

■ Der Begriff des Unbewußten ist im NLP von besonderer Wichtigkeit. Jeder Lernvorgang beginnt in bewußten Schritten und endet mit dem unbewußten Beherrschen der betreffenden Fertigkeit.

**Aufmerksamkeit und Kraft schenken**

Wenn Sie sich also eines Wunschbildes bewußt werden, geben Sie ihm durch Aufmerksamkeit auch die Kraft, die es zu seiner Realisierung braucht.

## *Dritte Übung: Zielfindung*

### *Ziel der dritten Übung*

Um nach Ihren eigenen Vorstellungen leben zu können, müssen Sie wissen, was Sie wollen. Wissen Sie das?
Wenn ein Schiff ruderlos ist, werden der Wind oder die Strömung es irgendwohin treiben. Möchten Sie Ihr »Lebensschiff« einfach dümpeln oder es von fremden »Mächten« lenken lassen? Es gibt genügend Leute, die das Steuer gerne für Sie übernehmen!

**Sein Leben selbst steuern**

Stellen Sie sich vor, Sie wollen sich auf eine Urlaubsreise begeben. Informieren Sie sich dann mittels Kartenmaterial und Reiseführer ausführlich über Ihren Zielort und den Weg dorthin? Oder verfahren Sie nach dem Motto: »Ich kenne die Richtung nicht, aber ich geh schon mal los«?
Gerade bei wichtigen Lebensentscheidungen handeln wir oft nach der zweiten Methode und bedenken nicht, daß uns ein Schritt in die falsche Richtung weiter vom Ziel abführt als das Verweilen am Ausgangspunkt. Schaffen Sie sich also klare Ziele. **Je attraktiver und konkreter das Ziel ist, desto größer sind Motivation und**

**Attraktive Ziele wirken motivierend**

**Kreativität, die Unbewußtes und Bewußtes in Gang setzen, sie beflügeln und auf das Ziel programmieren.**
Einige Beispiele aus dem Alltag: Morgens nach dem Aufstehen können Sie das Ziel haben, pünktlich zur Arbeit zu kommen.
Während der Schulzeit verfolgen Sie das Ziel, die Versetzung zu schaffen.
Im Berufsleben ist Ihr Ziel, gut zu sein und Geld zu verdienen. Mit der Ausrichtung auf ein Ziel geben Sie sich einen klaren Auftrag, was Ihr gesamter Organismus (Ihr Nervensystem und Ihre Organe) tun soll, um Sie bei der Erreichung Ihres Ziels zu unterstützen. Versuchen Sie, sich den ersehnten Zustand mit allen Sinnen vorzustellen. Wenn Sie das geschafft haben, sind Sie in der Lage, von dem gewünschten Zielzustand aus wieder rückwärts zu blicken auf Ihr Hier und Heute. Sie sind in der Lage, die Schritte eines Aktions- und Zeitplans zu entwerfen, der Sie zum Ziel bringen wird.

## *Vorbereitung*

▶ Diese Übung sollten Sie ungestört zu Hause durchführen können. Sie brauchen dafür etwas Platz und eine knappe Stunde Zeit. Legen Sie außer Schreibblock und Stift zwei lose Papierblätter bereit. Führen Sie die Übung im Stehen aus.

**1** Legen Sie ein Blatt Papier vor sich auf den Boden und schreiben Sie das aktuelle Datum darauf. Wir bezeichnen diesen **Ausgangsort** als **Platz 1**.

**2** Nehmen Sie ein zweites Blatt zur Hand und beschreiben Sie in einem knappen Satz Ihr Wunschziel, zum Beispiel: »Ich fühle mich locker und entspannt.«

- Gehen Sie von Platz 1 mit Ihrem Wunschziel in der Hand an eine Stelle im Zimmer, an der Sie den Ort Ihres Ziels haben

**Ihr Wunschziel legen Sie an Platz 2 ab**

möchten. Legen Sie dort Ihr Blatt ab. Wir nennen diesen **Zielort** auch **Platz 2** (Foto Seite 33).

**3** Stellen Sie sich an Ihrem Zielort (Platz 2) eine Wunschfigur Ihrer Selbst in einer angemessenen Umgebung vor. Wann, wo und mit wem sind Sie dort?

- **Modellieren Sie eine Skulptur von sich**. Dies können Sie mit offenen oder geschlossenen Augen tun.
- Formen Sie Ihre Skulptur mit Ihren Händen in der Luft. Achten Sie dabei auf jedes Detail, um Ihren Idealzustand mit allen Ihren Sinnen zu erleben. Vielleicht können Sie Ihr Gesicht auch zum Lächeln bringen, oder vielleicht wollen Sie mehr Kraft in die Beine geben.

**Mit Ihrer Wunschfigur eins werden**

**4** Stellen Sie sich dann tatsächlich mit Ihren Füßen auf den Platz, an dem Ihre modellierte Wunschfigur steht und schlüpfen Sie in Ihrer Phantasie ganz in sie hinein.

- Fragen Sie sich, wie Sie sich in ihr fühlen. Passen Sie in die Figur? Muß noch etwas an ihr verändert werden? Tut es gut, in ihr zu stehen? Wie sieht die Welt aus, wenn Sie sie aus dieser Perspektive sehen, hören oder fühlen?

**5** Bleiben Sie weiterhin auf Platz 2 und in Ihrer Wunschfigur stehen. Beantworten Sie die folgenden drei Fragen:

- »*Wo, wann und mit wem werde ich dieses Ziel erreicht haben?*
- Notieren Sie die Antworten auf einem Blatt Papier.

**6** Schauen Sie zu Platz 1, Ihrem Ausgangsort, zurück und beginnen Sie, **sich den Aktionsschritten auf dem Weg zu Ihrem Ziel zu widmen**. Fragen Sie sich:

- »*Welche Handlungen (Aktionsschritte) werde ich unternehmen, um dieses Ziel zu erreichen? In welcher Zeit will ich es schaffen? Wie sieht also der Aktions- und Zeitplan aus?*«
- Nehmen Sie das Zielblatt (Seite 36) als Vorlage. Gestalten Sie sich damit Ihr eigenes Zielblatt und arbeiten Sie damit weiter. Tragen Sie alle gefundenen Aktionsschritte in vorgegebener Weise darin ein.

**Aktionsschritte auf Zielblatt eintragen**

**7** Nehmen Sie Ihr ausgefülltes Zielblatt mit zu Platz 1, Ihrem Ausgangsort.

- Gehen Sie von dort aus noch einmal langsam zu Platz 2, Ihrem Zielort, während Sie bei jedem Schritt **im Geiste die Realisierung Ihres Plans vollziehen**.

**Mit Ihrem Zielblatt gehen Sie von Platz 1 zu Platz 2**

**8** Setzen Sie sich an einen ruhigen Ort und prüfen Sie die **ökologischen Aspekte Ihres Plans**, also die Auswirkungen Ihres Verhaltens auf Ihre Lebensumwelt.

Im NLP denken wir bei allen Aktionen, die wir unternehmen, an den Rahmen, innerhalb dessen wir uns verwirklichen wollen. Niemand lebt in Isolation. Wir alle sind Teil von größeren Systemen: von Familien, Unternehmen, Freundeskreisen.

Bedenken Sie stets, daß Ihr zielgerichtetes Handeln auch Konsequenzen in Ihrer Umwelt nach sich zieht. Ihr Ziel ist es beispielsweise, ein Instrument spielen zu lernen. Dieses Vorhaben nimmt eine gewisse Zeit in Anspruch, die Sie bisher auf andere Weise verbracht haben: Vielleicht haben Sie mit Ihren Freunden Sport getrieben oder mit Ihren Kindern gespielt. Möglich, daß diese sich jetzt vernachlässigt fühlen.

Damit Ihr Ziel Sie nicht in Interessenskonflikte mit den Bedürfnissen anderer Menschen bringt, achten Sie darauf, daß die Verwirklichung Ihres Ziels nicht auf Kosten der Betroffenen geht.

**Die Ökologie des Ziels prüfen**

Um die Ökologie Ihres Ziels zu prüfen, können Sie sich zum Beispiel fragen:

- Auf wen oder was könnte mein Ziel Auswirkungen haben?
- In welcher Weise beeinflußt mein Ziel andere?
- Gibt es negative Reaktionen von anderen Leuten auf meine Pläne oder Handlungen?

Falls dies der Fall ist, fragen Sie sich weiter, ob Sie die Einwände der anderen mit sich vereinbaren oder mit ihnen umgehen können?

Suchen Sie mit Flexibilität nach anderen Möglichkeiten, das Ziel zu erreichen.

- Was könnte mich von der Durchführung meines Plans abhalten? Werde ich etwas mir Wichtiges verlieren oder aufgeben müssen, um mein Ziel zu erreichen?

- Ist das Ziel zu hoch gegriffen? Kann ich mit etwas Kleinerem beginnen, vielleicht einem Teilziel, das eine Etappe auf dem Weg zum Ziel darstellt? Ändern Sie also nicht Ihr Ziel, sondern denken Sie über neue Wege nach, Ihr Ziel zu erreichen.

9 Nehmen Sie Ihr Zielblatt zur Hand, und korrigieren Sie die einzelnen Schritte so lange, bis Sie damit zufrieden sind.

- Gehen Sie dann noch einmal mit den Abänderungen von Platz 1 zu Platz 2.

**Ökologiecheck: Ist das neue Ziel für Ihre Umwelt auch ökologisch vertretbar?**

## *Zielblatt*

### Aktions- und Zeitplan, um mein Ziel zu erreichen

| Aktionsschritte | Was muß ich dafür tun? | Wann? | Fertig bis |
|---|---|---|---|
| | | | |
| | | | |
| | | | |
| | | | |
| | | | |
| | | | |
| | | | |
| | | | |
| | | | |
| | | | |
| | | | |
| | | | |

## *Beispiel aus der Praxis*

Anna fühlt sich in ihrer Wohnung nicht mehr wohl. Sie möchte mehr Platz für sich haben. Deshalb macht sie folgende Übung:
Zunächst entwirft sie ein Bild von sich in ihrer aktuellen Wohnung (Platz 1).
Dann entwickelt sie ein Zielwunschbild in ihrer neuen Umgebung (Platz 2). Dabei stellt sie sich folgende Frage: Wie groß soll die Wohnung sein? Welche Aufteilung haben die Zimmer? Welche Möbel möchte ich dort haben? Welche Farben sollen vorherrschen? Welchen Preis will ich für die Miete zahlen? Was kann ich dort besser oder anders machen? Was werde ich dort für ein Mensch sein?
Dann prüft Anna die Ökologie ihres Ziels:
Kann ich mir einen Umzug finanziell überhaupt leisten? In welche Umgebung werden meine Kinder kommen? Wie weit ist der neue Ort von meinen Freunden entfernt?

**Alle Faktoren berücksichtigen**

Anna kommt zu dem Schluß, daß sie sich keinen Umzug leisten kann und auf die Nähe der Freunde auch nicht verzichten will.
Um ihr Ziel, sich wieder wohlzufühlen, **trotzdem** zu erreichen, gestaltet sie ihre jetzige Wohnung um. Sie stellt sich folgendes vor: Wie sieht es aus, wenn ich einige Möbel umstelle und auf andere verzichte? Dort werde ich mir eine Ecke für meine besonderen Wünsche schaffen. Die Farben der Vorhänge und der Kissen werde ich selbst durch Umfärben ändern. Ich werde andere Bilder aufhängen und eine neue Lampe kaufen. Ich werde dafür sorgen, daß ich immer einen schönen Blumenstrauß auf dem Tisch stehen habe. Jetzt fühle ich mich wohl und frei in meinem Zielbild.
Danach geht Anna noch einmal alle Schritte durch und legt einen genauen Aktions- und Zeitplan fest.

**Ein Zielblatt am Spiegel erinnert Sie täglich an Ihr Vorhaben**

## *Tip für den Alltag*

Befestigen Sie Ihre Blätter mit den ausformulierten Zielen an Plätzen, die Sie zu Hause oder in der Arbeit regelmäßig aufsuchen. Das wird Sie daran erinnern, jeden Tag etwas für Ihre Ziele zu unternehmen. Vor allem gibt es Ihnen ein gutes Gefühl, vollzogene Aktionsschritte »abzuhaken« und sich dann auch eine Belohnung zu gönnen.

# Vom schlechten zum guten Gefühl

Nachdem Sie den ersten Abschnitt des Basiskurses durchgearbeitet haben, möchten wir Sie auf eine weitere interessante Entdeckungsreise einladen.

Im Laufe unseres Lebens haben wir uns Gewohnheiten angeeignet, die es uns ermöglichen, auf Situationen in unserem Alltag routinemäßig zu reagieren.

**Körperhaltungen = Verhaltensmuster**

Dazu gehören auch ganz bestimmte Körperhaltungen, zum Beispiel wenn wir jemandem zuhören, etwas Aufregendes sehen oder Furchterregendes spüren, Fragen stellen oder Antworten geben.

Diese Verhaltensmuster haben wir oft sehr früh eingeübt, ohne bewußt darüber nachzudenken. Möglicherweise haben wir schon als Kind gelernt, den Atem anzuhalten und unseren Körper in bestimmter Weise anzuspannen, wenn es darum ging, hochkommende Gefühle von Angst oder Wut zu unterdrücken.

Was für ein Kind eine durchaus sinnvolle »Überlebensstrategie« gewesen sein mag, kann den erwachsenen Menschen daran hindern, sich frei und lebendig zu fühlen und anderen seine Gefühle mitzuteilen. Eine Veränderung dieser im Körper »einprogrammierten« Verhaltensmuster wäre also wünschenswert.

**Unbewußte Programme bewußt machen**

Anders zu fühlen, zu sehen, zu hören und zu denken setzt jedoch voraus, daß wir uns unsere unbewußten »Programme« bewußt machen.

Die folgende Übung zeigt, wie Körperhaltung und Atmung auch Gefühle und Denken beeinflussen. Sie lernen, Ihre Gestik und Mimik so einzusetzen, daß sie Ihren Zielen dienen. Durch eine minimale Veränderung Ihrer Körperhaltung und Ihres Atems erleben Sie beispielsweise, wie leicht sich schlechte in gute Gefühle verwandeln lassen.

### *Vorbereitung*

▶ Führen Sie die beiden Übungen nacheinander aus. Gönnen Sie sich kleine Zwischenpausen von etwa 10 Minuten. Für die gesamte Übungssequenz brauchen Sie etwa eine halbe Stunde Zeit. Suchen Sie sich einen ruhigen Platz, an dem Sie möglichst ungestört sind. Legen Sie ein Blatt Papier und einen Stift für Notizen bereit.

## *Erste Übung: Haltung, Atmung und Emotion*

Die Atmung ist ein Spiegel unserer inneren Verfassung: Bei Aufregung oder Streß atmen wir schneller, bei Angst halten wir die Luft an; sind wir traurig, atmen wir vielleicht gepreßt; sind wir entspannt, atmen wir flach; fühlen wir uns wohl, atmen wir langsamer oder tiefer.

### *Ziel der Übung*

**Die Atmung als Botschafter des Körpers**

Die Atmung ist ein »Botschafter« und gibt Aufschluß über Gefühle und Spannungen in uns. Er hilft uns, diese zu erkennen und aufzulösen. Jeder Gedanke, jede Vorstellung, jedes Gefühl äußert sich aber auch in speziellen Körpermustern und im Muskeltonus. Die folgende Übung macht Ihnen diesen Zusammenhang deutlich. Sie schult Ihre Wahrnehmung dahingehend, daß Sie sich innerer und äußerer Spannungen bewußt werden.

**Innere und äußere Spannungen wahrnehmen**

**1** Spüren Sie zunächst, ohne Ihre Körperhaltung zu verändern, Ihre Atmung.

- Wo genau spüren Sie Atemvolumen und Atembewegung und in welchem Rhythmus, in welcher Qualität oder Intensität?

**2** Denken Sie an eine unangenehme Situation in Ihrem Alltag. Stellen oder setzen Sie sich so hin, wie Sie es in dieser Situation gewöhnlich tun.

- Machen Sie sich ein genaues Bild von der Situation, wie Sie sie sinnlich erleben.

Richten Sie Ihre Aufmerksamkeit auf die mit dieser Körperhaltung verbundene Atmung:

- Wie und wo genau spüren Sie Ihren Atem?
- Bewegen Sie beim Atmen Ihren Bauch? Oder ziehen Sie Ihre Schultern nach oben?
- Beschreiben Sie Ihren negativen Gefühlszustand in dieser Situation mit Worten – beispielsweise »traurig, nervös, gestreßt« – und notieren Sie sich diese Stichworte auf ein Blatt Papier.

**3** Richten Sie sich auf, rutschen Sie in Ihrem Stuhl oder Sessel nach hinten, so daß Sie sich mit dem ganzen Rücken – vom Steißbein bis zur Brustwirbelsäule – aufgerichtet anlehnen können, Mund, Schultern und Bauch entspannen, beide Füße auf dem Boden stehen haben, ohne die Beine übereinander zu schlagen.

**4** Fühlen Sie jetzt noch einmal Ihren Atem in der veränderten Haltung:

- Wie und wo spüren Sie Ihre Atmung jetzt mehr oder anders, in Volumen, Bewegung, Rhythmus und Intensität?
- Wie würden Sie Ihr Empfinden oder Ihren Gefühlszustand dazu beschreiben?
- Tragen Sie Ihre Entdeckungen in Stichworten auf dem Blatt ein. Schreiben Sie, ohne lange nachzudenken.

**5** Versuchen Sie, in dieser aufgerichteten Haltung noch einmal an das **nicht so angenehme** Erlebnis zu denken. Achten Sie darauf, daß Sie dabei Ihre veränderte **Sitzhaltung** und **Atmung** beibehalten.

**Sitzhaltung, Atmung und Gefühl**

- Wie ist die Qualität Ihrer Erfahrung und das Gefühl dazu?
- Wenn Sie alles richtig gemacht haben und Sie Ihr verändertes Gefühl aus der veränderten Sitzposition und Atmung beibehalten haben, müßten Sie jetzt eine **Veränderung Ihrer selbst** in der Situation erleben.
- Welche Anregungen erhalten Sie daraus, zukünftig mit dieser Situation umzugehen?

### *Beispiel aus der Praxis*

Johann (16 Jahre) hat Haltungsschwierigkeiten. Außerdem leidet er unter Streßsymptomen, die aus dem Umgang mit seinen Eltern herrühren beziehungsweise aus seinem Schulalltag. Wir baten Johann, sich an eine bestimmte unangenehme Situation mit seinen Eltern zu erinnern und sie noch einmal in Gedanken intensiv zu erleben. Diese Übung führte er im Sitzen aus.

**Die unangenehme Situation ganz nacherleben**

Als Johann ganz im Erleben dieser Situation war, machten wir ihn auf seine Haltung und seine Atmung aufmerksam. Dabei stellte er fest, daß die Spannung in seinen Schultern zugenommen hatte, in der Lendenwirbelsäule Schmerzen auftraten und die Atmung »oben steckenblieb«. Danach baten wir ihn, er solle das Erlebte »abschütteln« und ein paar Schritte gehen.
Johann setzte sich dann noch einmal hin und korrigierte seine Haltung so lange, bis sie

entspannt war, seine beiden Füße auf dem Boden den richtigen Platz gefunden hatten, der Rücken am Stuhl angelehnt und aufgerichtet war. Dabei fühlte er die Atmung im ganzen Bauch. Die Spannung in seinen Schultern hatte sich gelöst.

**Eine gelöste Haltung verändert ein Streß-erlebnis**

Es tat ihm sichtlich gut. Wir forderten ihn auf, nun noch einmal an sein Streßerlebnis zu denken und dabei besonders auf seine Atmung und seine Haltung zu achten. Dieses Mal erlebte er die Situation mit seinen Eltern und der Schule anders. Er fühlte sich »beweglicher« und konnte ruhiger argumentieren. Der Druck war gewichen.

## *Tip für den Alltag*

Sobald Sie sich bewußt werden, daß Sie eher einschränkenden, unangenehmen Gedanken und Gefühlen nachhängen, sollten Sie Ihre Aufmerksamkeit zunächst auf Ihre Körperhaltung und Ihre Atmung richten.
Nehmen Sie eine entspannte Körperhaltung ein, damit der Atem wieder frei fließen kann. Damit sorgen Sie bereits für eine Veränderung Ihres gefühlsmäßigen Befindens.

■ Praktizieren Sie diese Art der Körper- und Bewußtseinsschulung so häufig wie möglich im Alltag, damit Ihnen der Zusammenhang zwischen Haltung und Stimmung immer deutlicher wird.

## *Zweite Übung: Der Metakommentar – verbale Kurzbewertung einer Emotion*

### *Ziel der Übung*

»Mir geht's gut«, »ich bin heute schlecht drauf«. Mit solchen Aussagen sind wir schnell bei der Hand. Aber inwieweit spiegeln diese Kommentare unseren tatsächlichen Gefühlszustand wider? Geht es mir wirklich gut oder weiß ich gar nicht, wie ich mich fühle, und äußere deshalb nur eine Floskel? Im NLP werden solche verbalen Kurzbewertungen einer Emotion als »**Metakommentar**« bezeichnet.

**Genauer wahrnehmen, sich präziser ausdrücken**

In der folgenden Übung lernen Sie, genauer in sich hineinzusehen, zu hören und zu fühlen, damit Sie sich präziser über Ihren momentanen **Gefühlszustand ausdrücken** können. Denn wenn Sie sich selbst differenzierter zu betrachten lernen, können Sie sich auch anderen besser verständlich machen.

**1** Nehmen Sie ein Blatt Papier und einen Stift und machen Sie vier gleich große Spalten wie in der Tabelle unten:

- In die erste Spalte schreiben Sie, wie Sie sich gerade fühlen, beispielsweise: »**Mir geht es schlecht**.«
- Ohne lange nachzudenken, nennen Sie drei bis fünf Eigenschaften, die Ihren augenblicklichen Gefühlszustand genauer wiedergeben.
- Schreiben Sie diese in die zweite Spalte, wie in unserem Beispiel: »grau, lustlos, genervt, aussichtslos«.
- In der dritten Spalte notieren Sie, welche Begriffe Ihnen sonst noch zu diesen Eigenschaften spontan einfallen.
- In der vierten Spalte vermerken Sie weitere Assoziationen.

**Seinen Gefühlszustand beschreiben**

**2** Angenommen, Sie sagen: »**Mir geht es gut**«. Nehmen Sie ein zweites Blatt Papier zur Hand und notieren Sie dies auf Ihrer Liste als **positiven Metakommentar**.

- Wie können Sie »gut« differenzierter beschreiben? Führen Sie den zweiten Schritt wie den ersten aus, indem Sie nach weiteren Eigenschaften suchen, beispielsweise: »entspannt, offen, klar, freudig«.
- Notieren Sie weitere Begriffe und Assoziationen, die Ihnen zu einem guten Gefühl einfallen, zum Beispiel: »Urlaub«, Kneipe, Himbeereis, mein Freund/meine Freundin«.
- Sie werden erstaunt sein über die Vielfalt Ihrer Wortschöpfungen zu einem achtlos gesprochenen »Metakommentar«.

**Ein Metakommentar, viele Assoziationen**

## *Metakommentar einer negativen Emotion*

| 1. Spalte | 2. Spalte | 3. Spalte | 4. Spalte |
|---|---|---|---|
| »Mir geht es schlecht.« | grau | Büro<br>Auftrag | Karriere<br>keine Zeit |
| | lustlos | Kinder | in Hetze |
| | genervt | ________ | ________ |
| | aussichtslos | ________ | ________ |
| | ________ | ________ | ________ |
| | ________ | ________ | ________ |

### *Tip für den Alltag*

Achten Sie darauf, wann, wo und mit wem Sie häufig und leichtfertig in Kurzformeln wie »schön hier«, »mir geht's gut«, »das Essen schmeckt lecker« reden.
Was würde sich an der Situation selbst und an Ihrem eigenen Erleben verändern, wenn Sie solche Metakommentare **differenzierter und präziser** ausdrücken würden? Sie werden feststellen, daß sich dadurch die Qualität der Kommunikation, die Beziehung zu Ihren Mitmenschen verbessert.
Wir möchten Sie dazu anregen, sich Ihrer Wahrnehmungswelt bewußter zu nähern, denn: **Nur wer sich selbst besser versteht, kann auch lernen, andere besser zu verstehen.**

## Orientierung nach innen, außen oder in der Zeit

In diesem Abschnitt kommen Sie mit einem wichtigen Wahrnehmungsfeld im NLP in Kontakt, der Innen- und Außenwelt Ihres Erlebens. Durch unsere Sinneskanäle stehen wir mit der äußeren Welt in Verbindung. Jeder Mensch erlebt die reale Welt, im NLP »**Gebiet**« genannt, aufgrund seiner subjektiven Erfahrungen anders als ein anderer. Wie er also sieht, riecht, hört, fühlt und schmeckt, alles nimmt er auf seine persönliche Art und Weise wahr. So existiert auch in jedem Kopf ein anderes Abbild der tatsächlichen Welt, im NLP »**Landkarte**« genannt. Die fünf Sinnessysteme Sehen, Hören, Fühlen, Riechen und Schmecken bilden eine der wichtigsten Grundlagen des NLP-Modells. Mit ihrer Hilfe wird die äußere Welt innerlich repräsentiert. Deshalb werden sie im NLP auch als **Repräsentationssysteme** oder **Modalitäten** bezeichnet. Man versteht darunter die Art und Weise, wie man Informationen im Gehirn in einem oder mehreren der fünf Sinneskanäle verschlüsselt: visuell, auditiv, olfaktorisch, das heißt über den Geruch, gustatorisch, das heißt über den Geschmack, oder kinästhetisch, also über das Gefühl.

**Reale Welt = Gebiet**

**Subjektives Abbild = Landkarte**

**Fünf Sinneskanäle = Modalitäten**

Welche Reize in der äußeren Welt regen Ihre Sinneskanäle am stärksten an? Würden Sie sich eher als »Sehtyp«, »Hörtyp«, »Riechtyp«, »Geschmackstyp« oder »Gefühlstyp« bezeichnen?

- «Ein Sehtyp« achtet mehr auf die Farben (Augen; **visueller Kanal**) und reagiert gefühlsmäßig darauf.

Sehtyp

- Ein »Hörtyp« nimmt eher die Geräusche in seiner Umgebung wahr (Ohren; **akustischer Kanal**). Auditive Menschen hören eher auf »den Ton, der die Musik macht«.

Hörtyp

- Einem »Geruchstyp« fallen verstärkt die Düfte auf (Nase; **olfaktorischer Kanal**), worauf sich seine Stimmung verändern kann.

Geruchstyp

- Bei einem »Geschmackstyp« ist der **gustatorische Sinneskanal** (Mund/Gaumen) ausgeprägt, mit der er seine Umwelt hauptsächlich wahrnimmt.

Geschmacks-typ

- »Gefühlstypen« (Kinästheten) empfinden eher aus dem Bauch heraus.

Jede Bevorzugung eines Wahrnehmungssystems zieht eine Vernachlässigung der anderen Systeme nach sich, und dies wiederum bedeutet eine Einschränkung der Flexibilität.
Ein Ziel im NLP ist daher, sich auch die Informationen der

**Flexible Wahrnehmung der Wirklichkeit**

jeweils anderen Sinne zugänglich zu machen. Eine möglichst flexible Wahrnehmung der Wirklichkeit führt zu einer Erweiterung der inneren Landkarte und damit der Wahlmöglichkeiten, mit denen man sich einen Weg aus problematischen Situationen suchen kann.

Wie oft beschränken uns unsere inneren Programme, unsere Vorstellungen, wie etwas zu sein, zu schmecken, zu riechen, zu klingen, auszusehen und sich anzufühlen hat, in unserer Erlebensfähigkeit? Ziel des NLP ist es, diese zu steigern und den Erlebensraum zu erweitern. Je mehr Wahrnehmungs- und Sinneskanäle Ihnen offenstehen, umso flexibler werden Sie im Umgang mit sich selbst und mit anderen. Je mehr Körpersignale Sie bei sich selbst und anderen Menschen bewußt wahrnehmen und zu verstehen suchen, umso sicherer wird auch das eigene Verhalten.

**Kinästheten (»Bauchmenschen«) schenken ihren Gefühlen viel Beachtung**

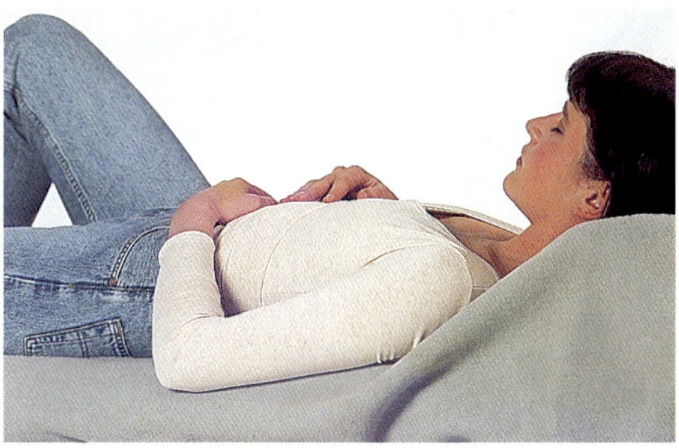

## *Der innere Dialog*

Wieder anders nehmen Sie eine Situation wahr, wenn Ihre Aufmerksamkeit mehr auf Ihr Innenleben gerichtet ist. Besonders lästig kann hierbei der **innere Dialog** sein. Geprägt von einer ganz bestimmten Einstellung kommentiert er alles, was um uns herum geschieht. Sätze wie »das klappt doch sowieso nicht« oder »der sieht aber komisch aus« beeinflussen die Qualität unserer Wahrnehmung der äußeren Welt. Manchmal lassen wir uns dermaßen von unserem inneren Dialog gefangennehmen, daß die Welt um uns herum gar nicht mehr zu existieren scheint. Sicher kennen Sie folgendes Beispiel:

**Gefangen vom inneren Dialog**

Sie denken beim Spazierengehen an ein Gespräch, das Sie zuvor geführt haben. Sie sehen vor Ihrem inneren Auge die Situation und Person, die daran beteiligt war. Sie hören die Worte, die Sie selbst und Ihr Gegenüber gesprochen haben. Vielleicht kommentieren Sie das Geschehene noch einmal von einer anderen Warte aus. Plötzlich sind Sie vor Ihrer Haustür zu Hause angekommen. Was haben Sie beim Spaziergang von Ihrer äußeren Welt tatsächlich wahrgenommen?

Die folgenden Übungen sollen Ihnen helfen, zu erkennen, ob Ihre Aufmerksamkeit eher auf

**Äußere oder innere Reize?**

- **Äußeres**, also auf externale Reize, gerichtet ist oder auf
- **Inneres**, also mehr auf internale Reize, Bilder oder Stimmen.

Ein Lernziel ist es auch, Kontrolle darüber zu erlangen, ob das, was Sie gerade beschäftigt, einen Bezug zum Hier und Jetzt hat. Die Realität ist an sich weder »gut« noch »schlecht«. Sie **ist** einfach. Jede Bewertung dieser Realität beruht entweder auf einer gemachten Erfahrung in der Vergangenheit oder einer früheren Situation, die Sie in die Zukunft projizieren. Je mehr Sie lernen, den Zusammenhang von Außen- und Innenwelt in bezug zu der mit ihr verknüpften Zeit für sich zu klären, desto eher werden Sie in der Lage sein, sich von lästigen Gefühlen zu befreien.

## *Erste Übung: Äußere und innere Wahrnehmungswelt*

Hier ist der sinnliche Kontakt mit Gegenständen und Abläufen im gegenwärtigen Augenblick gemeint, der Kontakt mit dem, was ich **im Moment** sehe, höre, rieche, schmecke oder berühre.

### *Beispiel*

In diesem Augenblick **sehen** Sie die Zeilen in diesem Buch. Sie **fühlen** das Umschlagpapier in Ihren Händen, nehmen Ihre Haltung beim Sitzen oder Liegen wahr und **hören** vielleicht ein leises Geräusch im Hintergrund. Vielleicht **riechen** Sie auch einen bestimmten Duft und haben noch den **Nachgeschmack** vom letzten Essen im Mund.
Ihr Erleben und Verhalten werden in diesem Beispiel mehr durch **äußere Reize** aus Ihrer Umwelt als durch Ihre innere Erlebniswelt beeinflußt.

### *Ein anderes Beispiel*

Sie hören ein Lied, eine Melodie, also einen äußeren Reiz, der Sie sofort an eine bestimmte Begegnung oder einen Ort erinnert. Das Lied löst in Ihnen jetzt eine ähnliche Gefühlsempfindung aus, wie in der damaligen Situation.

### *Ziel der Übung*

In dieser Übung können Sie herausfinden, ob Sie eine bestimmte Situation eher von außen oder eher von innen erleben.

**Erleben von innen oder von außen**

## Orientierung nach innen, außen, in der Zeit

*Vorbereitung*

Sie brauchen etwa 15 Minuten Zeit. Führen Sie die Übung an einem ruhigen Ort durch. Sie können dabei je nach Belieben sitzen oder stehen. Wenn Sie die Übungsanleitung gelesen haben, legen Sie für einen Moment Ihr Buch zur Seite.

**1** Richten Sie Ihre Aufmerksamkeit auf die Dinge in Ihrer Umgebung.

- Tasten Sie mit Ihren Augen alle Details ab. Welche erwekken Ihr besonderes Interesse?
- Woran erinnert Sie diese Wahrnehmung? Welche Geschichte fällt Ihnen dazu ein? Welche anderen Assoziationen verbinden Sie mit dieser Wahrnehmung? Ihre Wahrnehmung löst wahrscheinlich eine Verkettung von Gedanken in Ihnen aus.

**2** Schalten Sie einmal bewußt auf einen anderen Sinneskanal um.

- Was können Sie sonst noch im Raum fühlen, hören, riechen oder schmecken? Verbinden Sie mit diesen anderen Sinneswahrnehmungen andere Gefühle und Assoziationen? Sie befinden sich zwar immer noch im selben Raum, aber das, was Sie durch die bewußte Lenkung Ihrer Sinneswahrnehmung von der äußeren Welt aufnehmen, bewirkt vermutlich eine andere subjektive Erfahrung in Ihnen als im ersten Schritt.

**Alle Sinneskanäle erschließen**

■ Die Kunst der Veränderung eines Gefühlszustandes besteht darin, nicht nur den bevorzugten Sinneskanal zu »benutzen«, sondern auch die anderen Sinneskanäle zu erschließen.

### *Tip für den Alltag*

Achten Sie einmal bewußt darauf, durch welche äußeren Reize Sie zu bestimmten Gedankenverknüpfungen geführt werden, die dann wie innere Programme in Ihnen ablaufen. Beobachten Sie, welchen Reiz Sie zuerst durch welchen Sinneskanal aufnehmen. Sie können die gleiche Situation unterschiedlich erleben, indem Sie bewußt Ihre Aufmerksamkeit auf einen anderen Wahrnehmungskanal richten. Dies gilt auch für die Kommunikation mit Ihrer Umwelt. Achten Sie also auch bei anderen Menschen auf neu zu entdeckende Details, zum Beispiel auf Atmung, Haarfarbe und Geruch. Sie werden überrascht sein, wie sich die Wahrnehmung der gleichen Situation verändert.

## *Zweite Übung: Wahrnehmung des inneren Dialogs*

Hier lernen Sie, gezielt Ihren inneren Dialog zu kontrollieren. Als »**inneren Dialog**« bezeichnen wir die Stimme in uns, die ständig alles Wahrgenommene mit Kommentaren begleitet, beispielsweise:

- »*Das Umschlagpapier des Buches gefällt mir.*«
- »*Das leise Geräusch im Hintergrund hatte ich noch nicht wahrgenommen.*«
- »*Der Geruch im Raum ist angenehm.*«
- »*Der Geschmack in meinem Mund erweckt in mir den Wunsch, etwas zu trinken oder zu essen.*«
- »*Eigentlich könnte ich mich noch ein wenig mehr entspannen beim Lesen.*«

Der innere Dialog läßt uns eine Situation erst richtig bewußt werden. Dieser manchmal sehr eigenwillige Kommentator in uns **bewertet Informationen** oder Wahrnehmungen und begleitet uns wie ein **Souffleur.** Ohne ihn wüßten wir zunächst einmal nicht, was wir antworten sollten, wenn uns jemand fragt, wie es uns geht.

**Wie ein kommentierender Souffleur**

Erleben Sie die Welt einmal ohne diesen »inneren Dialog«, indem Sie nun die folgenden Übungsschritte durchführen:

▶ Halten Sie für einen Moment Ihren Atem an und »frieren« Sie Ihre Bewegungen ein.

- Schauen Sie mit angehaltenem Atem auf einen Gegenstand, der in Ihrer unmittelbaren Nähe ist.

**Den inneren Dialog unterbrechen**

- Atmen Sie weiter. Sie bemerken sicherlich, daß sofort wieder der »innere Dialog« einsetzt, der kommentiert, was Sie gerade getan oder gesehen haben.
- Wie erleben Sie den Unterschied, wenn Sie den Gegenstand wieder anschauen?

### *Tip für den Alltag*

Innere Unruhe entsteht häufig durch einen außer Kontrolle geratenen »inneren Dialog«. Sie können diesen »inneren Dialog« wieder kontrollieren, indem Sie bewußt einen tiefen Atemzug machen, kurz den Atem anhalten, dabei »STOP« sagen und dann langsam weiteratmen. Richten Sie Ihre ganze Aufmerksamkeit auf den inneren Kommentar.

Merken Sie, wie anders Sie Ihre Umwelt erleben, wenn Sie den Atem anhalten. Sobald Sie weiteratmen, ist Ihr innerer Dialog für kurze Zeit in seiner Bewertungsweise irritiert, das heißt er kommentiert nicht wie gewohnt. Nutzen Sie diesen Moment der Irritation für Ihre Kommunikation mit sich selbst und mit anderen. Um zum Beispiel eine »verfahrene Situation« zu verändern, halten Sie den Atem für einige Sekunden an.

## *Dritte Übung: Kontrollierter innerer Dialog und innere Erlebniswelt*

Mit dieser Übung möchten wir Ihnen den Zusammenhang zwischen **Ihrer inneren Erlebniswelt** (Ihren Gefühlen, Gedanken, Vorstellungen), Ihrem **körperlichen Ausdruck** und Ihrem **kontrollierten inneren Dialog** deutlich machen.

### *Ziel der Übung:*

Der innere Dialog trägt maßgeblich dazu bei, wie Sie eine Situation emotional erleben.
Je mehr Sie sich dieses Zusammenhangs bewußt werden, desto mehr können Sie auch bewußt und gezielt Einfluß auf ansonsten unbewußte Abläufe nehmen. Dies wird Ihnen zu einem größeren Wohlbefinden verhelfen.

### *Vorbereitung*

Sie brauchen für diese Übung etwa 15 Minuten. Folgen Sie der Übungsanweisung und lesen Sie diese mehrmals langsam und konzentriert. Benutzen Sie beim Wiederholen der einzelnen Übungsschritte die direkte Rede, weil Ihr Gehirn einen klar formulierten Auftrag braucht, um Handlungsanweisungen kontrolliert durchführen zu können. Sie können sich dabei nach Belieben setzen, legen oder hinstellen.

**Die direkte Rede benutzen**

**1** Während Sie das Buch in der Hand halten und lesen, richten Sie doch einmal Ihre Aufmerksamkeit auf Ihren Nacken, Ihre Schultern oder Arme.

- Was spüren Sie dort? Wo fühlen Sie eine überflüssige, leichte Spannung?

**2** Sprechen Sie jetzt mit lauter Stimme einen kontrollierten inneren Dialog: »*Ich möchte mich jetzt beim Lesen wohl und entspannt fühlen. Was spüre ich wie und an welcher Stelle in meinem Körper als angespannt?*«

- Stellen Sie sich in diesem Zustand ein Bild von sich auf Ihrer **inneren Leinwand** vor.
- Schauen Sie sich dieses Selbstbild an: Wo **sehen** Sie an Ihrem Körper die Spannungen, die Sie soeben gespürt haben?

**Selbstbild auf der inneren Leinwand**

**3** Fragen Sie sich: »*Wie kann ich die Spannungen, die ich dort auf der inneren Leinwand an mir feststelle, lösen?*«

- Geben Sie sich selbst klare Lösungsvorschläge. Sagen Sie zum Beispiel: »*Ich lasse die Schultern nun fallen.*«

Konzentrieren Sie sich darauf, daß Sie den Auftrag sowohl in Ihrer Körperhaltung wie auch auf der inneren Leinwand gleichermaßen ausführen.

- Fühlen Sie, welche emotionale Veränderung dieser gezielte Auftrag in Ihnen auslöst? Empfinden Sie die hängenden Schultern als angenehm oder unnatürlich?

Falls Sie sie als angenehm empfinden, behalten Sie diese Haltung bei, ansonsten suchen Sie nach einer neuen Variante.

- Schauen Sie wieder auf Ihre innere Leinwand und fragen Sie sich:

*»Was kann ich an meinem Körper noch loslassen, um mich wohler zu fühlen?«*

- Um beispielsweise die Spannung in Ihrem Bauch zu überprüfen, sagen Sie sich:

*»Ich werde meinen Bauch ganz bewußt loslassen.«*

Konzentrieren Sie sich auf Ihren Bauch. Wenn Sie ihn auf der inneren Leinwand sehen, lösen Sie ihn sowohl dort als auch in der Realität.

- Fragen Sie sich: *»Wie und was hat sich verändert, nicht nur an meinem Bauch, sondern auch beispielsweise in meinem Rücken?«*
- Suchen Sie so lange mit klaren Handlungsanweisungen für sich und Ihr Spiegelbild nach neuen Möglichkeiten, Ihre Haltung zu verändern, bis Sie sich sagen können:

»***Ich fühle mich wohl***«.

**Hängende Schultern, gebeugte Haltung oder…**

**…aufgerichteter Rücken, gerade Haltung**

### *Tip für den Alltag*

Versuchen Sie, mit Hilfe des kontrollierten Dialogs und Ihrer Vorstellungskraft (Ihrer inneren Leinwand) Einfluß auf Ihr Erleben zu nehmen: Stellen Sie sich dabei zunächst immer zielgerichtete Fragen, was und auf welche Weise Sie es verändern wollen. Machen Sie sich dann ein Bild davon, und führen Sie es diesem Entwurf entsprechend aus.

### *Beispiel aus der Praxis*

Sie wollen zu Hause staubsaugen, fühlen sich aber unmotiviert, dies zu tun. Stellen Sie sich als erstes auf Ihrer inneren Leinwand vor, wie Sie das Staubsaugen angenehmer gestalten könnten. Vielleicht indem Sie Ihre Haltung verändern, Musik dazu auflegen, ein Lied summen oder sich eine Belohnung nach getaner Arbeit versprechen.

**Klare Handlungsanweisungen**

Verändern Sie Ihr Selbstbild durch klare Handlungsanweisungen Ihres inneren Dialogs so lange, bis Sie damit zufrieden sind. Geben Sie sich dann den Auftrag, es auch sofort und unmittelbar in die Realität umzusetzen.

## Zeitebenen unterscheiden lernen

Um Sie weiter in die Gedankenwelt des NLP einzuführen, möchten wir Ihnen einen **Zugang zu der Dimension »Zeit«** vermitteln.

**Gefühle in ihrer zeitlichen Dimension**

Die Art, wie Sie »Zeit« in einer Situation wahrnehmen, beeinflußt Ihre innere Erlebniswelt. Ein momentaner Gefühlszustand kann durch ein **gegenwärtiges Ereignis** ausgelöst worden sein. Dieses kann jedoch mit einem **vergangenen Erlebnis** verkettet sein und ein immer wiederkehrendes Gefühl in Ihnen hervorrufen. Wollen Sie dieses Gefühl tatsächlich noch in der augenblicklichen Situation haben oder behindert es Sie eher, Ihr Leben im Hier und Jetzt aktiv zu gestalten?
Das Gleiche gilt für gedankliche Bezüge, die Sie in die **Zukunft** projizieren. Wie häufig entwickeln wir Sehnsüchte, aber auch Ängste, die uns die aktuelle Situation vergessen lassen. Würde die Erfüllung Ihrer Sehnsucht wirklich das halten, was sie verspricht?
Und was ist, wenn die Situation, vor der Sie Angst haben, überhaupt nicht eintritt? Blockieren wir uns nicht in der Gegenwart mit Gedanken an

Dinge, die wir nicht mehr ändern können und an Ereignisse, die vielleicht nie eintreten werden?
Zum Beispiel lesen Sie gerade dieses Buch. Dabei schweifen Ihre Gedanken ab, weil Sie an ein schwieriges Gespräch denken, das Sie morgen führen müssen. Sie werden so unruhig, daß Sie sich nicht mehr richtig darauf konzentrieren können, was Sie eigentlich lesen möchten. Sie haben sich also das »Heute« verdorben, ohne dadurch dem »Morgen« gedient zu haben.

## Übung: Zeit und innere Erlebniswelt

### Ziel der Übung

**Vergangenheit, Gegenwart, Zukunft**

Wir wollen Ihnen helfen, den »Knoten« Ihrer unklaren Gefühlszustände zu »entwirren«, indem Sie die drei Zeitebenen (Vergangenheit, Gegenwart, Zukunft) säuberlich voneinander trennen. Ein Beispiel zeigt, wie unterschiedlich dieselbe Situation auf den drei Ebenen wahrgenommen werden kann:

- »Ich fühle mich lustlos, weil das Wetter so schlecht ist.« (Gegenwart)
- »Schlechtes Wetter hat schon immer meine Laune beeinträchtigt.« (Vergangenheit)
- »Wenn das Wetter so bleibt, bekomme ich einen Anfall, wenn ich an die Gartenparty morgen denke.« (Zukunft)

Im NLP nennen wir dieses Vorgehen »**Bewegen auf der Zeitlinie**« und »**Reinigen der Wahrnehmungspositionen**«.

**Bewegen auf der Zeitlinie**

### Vorbereitung

▶ Schreiben Sie auf drei Zettel »Platz 1« für Gegenwart, »Platz 2« für Vergangenheit und »Platz 3« für Zukunft. Wählen Sie einen Ort, an dem Sie ungestört sind. Die Übung besteht aus zwei Teilen. Für jeden Teil brauchen Sie etwa 30 Minuten Zeit. Sie können zwischen den Übungen eine kleine Pause machen, sollten dann jedoch die Arbeit fortsetzen, bis Sie die Übung vollständig durchgeführt haben.

## Bewegen auf der Zeitlinie

**Platz 2** **Platz 1** **Platz 3**

**Vergangenheit** **Gegenwart** **Zukunft**

*Erster Teil*

1 Nehmen Sie Ihre vorbereiteten Zettel und verteilen Sie sie auf die Orte, die für Sie Vergangenheit, Gegenwart und Zukunft darstellen. Achten Sie darauf, daß der Platz für die Gegenwart immer in der Mitte zwischen Zukunft und Vergangenheit liegt.

**Gegenwart immer in der Mitte**

2 Denken Sie an eine Situation, die Sie momentan sehr beschäftigt oder bewegt.
- Wo, wann und mit wem erleben Sie diese Situation?
- Hat diese Situation einen Bezug zu Ihrer Vergangenheit, Ihrer Gegenwart oder Zukunft? An welchem Platz auf dem Boden ordnen Sie die Situation und die damit verbundene Emotion zu?

3 Gehen Sie jetzt an den Ort, an den der Gedanke zeitlich gebunden ist.
- Schreiben Sie auf den entsprechenden Zettel am Boden den **Namen für die Emotion**, die an diesen Platz und zu dieser Zeit gehört.
- Daraus ergibt sich für Sie eine wichtige Regel im Umgang mit Ihrer Wahrnehmung: Versuchen Sie herauszufinden, ob die Emotion, die Sie gerade beschäftigt, sich nur auf das Hier und Jetzt oder auf eine erinnerte oder projizierte Situation bezieht.
- Lernen Sie, zu erkennen, ob Sie sich in der Gegenwart wirklich und ursächlich verspannt, unausgeglichen oder irritiert fühlen müssen, oder ob Vergangenes oder Möglich-Zukünftiges (Ihre Tagträume, bildhaften Erinnerungen oder Zukunftsvisionen) Ihr Befinden behindern und einschränken.

*Zweiter Teil*

1 Machen Sie einen tiefen Atemzug als Zeichen dafür, daß Sie die Emotion an dem Ort zurücklassen, an den sie gehört.

**Tiefen Atemzug machen**

2 Verlassen Sie den Platz, an dem Sie gerade stehen, treten Sie auch gedanklich einen Schritt zurück, und suchen Sie sich einen anderen

## *Wahrnehmen aus der Distanz*

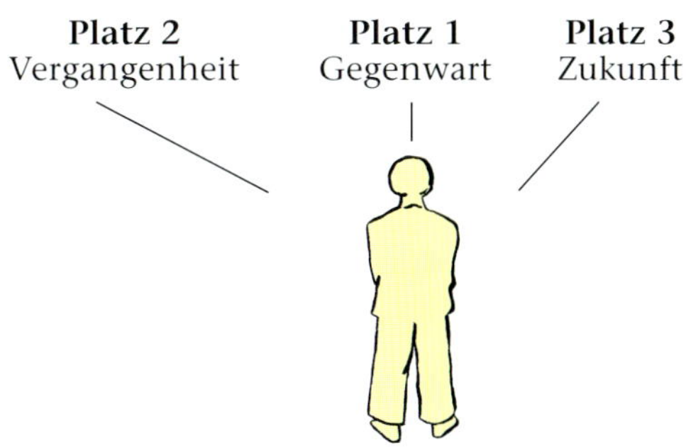


**Beobachterplatz (dissoziierter Platz)**

Platz im Raum. Von hier aus stellen Sie sich nun vor, Sie würden sich selbst an dem Ort beobachten, den Sie gerade verlassen haben. Aus dieser distanzierten (**dissoziierten**) Position fragen Sie sich:

**Distanzierte = dissoziierte Position**

- »*Womit beschäftigt sich mein zweites Ich dort?*«
- Entscheiden Sie: »*Wenn ich gleich wieder an diesen Ort zurückkehre, was muß ich dann tun, damit ich alles, was an diesen Ort und in diese Zeit gehört, dort auch wirklich zurücklasse?*«

3 Vollziehen Sie nun dieses »Zurückkehren« an den »Problemplatz«.

- Stellen Sie sich vor, wie Sie alle Gedanken, die zu dieser Zeit gehören, hier zurücklassen, indem Sie sich laut sagen: »*Ich lasse jetzt alle Probleme, die hierhin gehören, und auch alle damit verbundenen Gefühle, an diesem Platz.*«

4 Treten Sie wieder bewußt an den Platz, an dem Ihr Zettel »**Platz 1**« für die **Gegenwart** liegt. Wie fühlen Sie sich hier?

**Von allem befreit in der Gegenwart**

- Gibt es noch etwas aus einer anderen Zeit, was Ihre derzeitigen Gedanken stört? Wenn ja, wiederholen Sie den zweiten Teil der Übung so lange, bis Sie sich im Hier und Jetzt von allem befreit haben, das **nicht** in die Gegenwart gehört. Atmen Sie tief durch, und genießen Sie das befreite Gefühl.

**Übung: Sich auf die Gegenwart konzentrieren**

## *Tip für den Alltag*

Machen Sie diese Übung so häufig wie möglich in alltäglichen Situationen. Benutzen Sie dazu eine kleine Vorstellungshilfe: Die Zukunft befindet sich in der linken Hand, die Vergangenheit in der rechten. Ihr Kopf stellt die Gegenwart dar. Gedanken und Gefühle, die die Vergangenheit betreffen, legen Sie in die rechte Hand, solche, die die Zukunft angehen, in die linke Hand. Wenn Sie sicher sind, daß alles am richtigen Platz ist, können Sie sich wieder mit voller Aufmerksamkeit der Gegenwart, also Ihrem Kopf, zuwenden.

# Submodalitäten, die feinen Nuancen

Bis zu dieser Stelle Ihres Basiskurses haben Sie vor allem über die drei Hauptarten der Wahrnehmung, das Sehen, Hören und Fühlen, etwas erfahren. Sie haben gelernt, daß die fünf Sinneskanäle Augen, Ohren, Nase, Bauch und Geschmacksinn die Wahrnehmungsfilter sind, durch die wir die Informationen von außen zu Bildern, Geräuschen, Klängen und Gefühlen in uns verarbeiten. Wir entwickeln eine innere »Landkarte« von der Welt, die uns umgibt.

Wir begleiten Sie nun auf eine weitere interessante Entdeckungsreise: Es geht um die **Feinstruktur Ihrer inneren Wahrnehmungswelt**. Zwar konnten Sie in den vorangegangenen Übungen Ihre »innere Welt« etwas näher kennenlernen, für deren Beschreibung fehlten Ihnen aber bisher noch die notwendigen Begriffe. Diese für Sie neuen Begriffe nennen wir im NLP »Submodalitäten«. Auf dieser Ebene zu arbeiten, bedeutet, mit den feinsten Nuancen eines bestimmten Sinnesorgans zu experimentieren, um dadurch zu mehr Wohlbefinden zu gelangen. Waren die fünf Sinne für die Vorstellungen auf Ihrer inneren Landkarte ein grober Maßstab, so wirken die Submodalitäten wie ein feines Raster, das ein noch genaueres Abbild der Wirklichkeit in Ihnen ermöglicht. Genaue Begriffe sind mehr als nur »Schall und Rauch«. Sie können Bilder entstehen lassen, Gefühle zu beschreiben und zu verändern helfen. **Das Erkennen und Verändern von Submodalitäten lehrt uns, »wie« wir es eigentlich anstellen, daß wir nur so fühlen, wie wir uns gerade fühlen.** Die Submodalitätenliste auf Seite 57 macht Sie zunächst mit dem notwendigen Vokabular vertraut.

**Experimente mit den Submodalitäten**

**Wie ein feines Raster**

## *Ziel der Übung*

Sie entdecken, wie die feinen Nuancen der Submodalitäten Einfluß auf Ihr Gefühlsleben nehmen. Sie lernen, wie Sie durch kleine Veränderungen an diesen Ihre emotionale Befindlichkeit verändern können.

## *Vorbereitung*

▶ Für diese Übung brauchen Sie ein wenig Ruhe und eine halbe Stunde Zeit.
Suchen sie sich einen bequemen Platz, nehmen Sie die

Submodalitätenliste auf Seite 57 und einen Stift. Folgen Sie den Übungsanweisungen. Lesen Sie sich die ersten drei Schritte durch, und tragen Sie das Ergebnis der Übung in die Liste ein. Haben Sie mit sich Geduld, um diese wichtigen Nuancen kennenzulernen.

## Erste Übung: Verändern einer unangenehmen Situation

1 Erinnern Sie sich nun an zwei Ereignisse in Ihrem Leben: ein angenehmes und ein unangenehmes.

**Ein angenehmes Ereignis vorstellen**

2 Denken Sie zunächst an ein **angenehmes Ereignis**, zum Beispiel den letzten Urlaub, oder an ein nettes Zusammentreffen mit einem Freund. Schließen Sie dabei die Augen. Versetzen Sie sich wieder in diese Situation.

- Öffnen Sie die Augen, lesen Sie die erste Frage aus Ihrer Submodalitätenliste auf Seite 57.
- Schließen Sie die Augen wieder und versuchen Sie, entsprechend dieser Frage, Ihre Aufmerksamkeit dorthin zu lenken. Beispiel:
- Ist das Bild vor Ihnen oder mehr rechts/links im Raum?

3 Öffnen Sie die Augen und notieren Sie diese und alle weiteren Antworten in der Spalte »Ereignis 1« Ihrer Submodalitätenliste.

**Ein unangenehmes Ereignis vorstellen**

4 Gehen Sie zu einem eher **unangenehmen Ereignis**: Erinnern Sie sich an eine Situation, die Sie zum Beispiel als ärgerlich oder frustrierend empfunden haben.
In dieser Übung sollten Sie für den Anfang keine Ereignisse wählen, die Sie schon seit langem quälen. Machen Sie Ihre ersten Erfahrungen mit alltäglichen kleinen Problemen.
Gehen Sie bei der Aufarbeitung dieses Ereignisses ebenso vor wie bei der Beschreibung des angenehmen Ereignisses.
Tragen Sie alle Ergebnisse in Ihre Submodalitätenliste ein.

5 **Vergleichen** Sie beide Spalten: Worin unterscheiden sie sich? Welche Submodalitäten sind anders?

6 Nehmen Sie die Submodalitäten der angenehmen Situation (Ereignis 1) und übertragen Sie diese in Ihr unangenehmes Bild. Gehen Sie dabei wie folgt vor:

- Lesen Sie zunächst die Submodalität aus Ereignis 1.

## *Submodalitätenliste*

| | Ereignis 1 (angenehm) | Ereignis 2 (unangenehm) |
|---|---|---|
| **Um sich auf Ihre innere Welt einzulassen, schließen Sie die Augen.**<br><br>**Visuell**<br>Ist das Bild direkt vor Ihnen oder mehr rechts/links im Raum?<br>Ist es ein stillstehendes Dia / Photo oder ein Film mit Bewegungen?<br>Ist das, was Sie sehen, eher farbig oder schwarz / weiß?<br>Ist es gut konturiert oder unscharf?<br>Schauen Sie mehr in den Vordergrund oder Hintergrund des Bildes?<br>Ist es eher hell oder dunkel, und wie und woher kommt das Licht?<br>In welcher Entfernung zu Ihnen ist das Bild oder der Film? Oder befinden Sie sich inmitten des Bildes?<br><br>**Auditiv**<br>Können Sie zu dem, was Sie nun sehen, Stimmen, Geräusche oder Klänge hören?<br>Wie ist die Lautstärke, eher wie in der Realität oder lauter / leiser?<br>Und nehmen Sie es mehr auf einem Ohr wahr, oder auf beiden?<br>Können Sie es klar und deutlich hören oder eher unscharf, diffus?<br>Wenn Sie Stimme(n) hören, kennen Sie diese, ist es Ihre eigene oder von wem?<br>Aus welcher Richtung – mehr von vorne, seitlich, von oben, mehr von hinten?<br>Wie ist das Tempo – normal / schnell / langsam?<br><br>**Kinästhetisch**<br>Wenn Sie nun in dem Erleben sind, welches Gefühl haben Sie dazu?<br>Wo genau im Körper spüren Sie dieses Gefühl – Brust/Bauch/ Schultern/Arme/überall...?<br>Ist es eine sich ausdehnende oder eher zusammenziehende Empfindung?<br>Ist es eher mit Druck / Prickeln / Spannung / Leichtigkeit ... verbunden?<br>Oberflächlich oder tief?<br>Wenn eine Temperatur spürbar ist, ist es eher kalt, kühl, warm, heiß?<br><br>**Geruch/Geschmack**<br>Verspüren Sie einen Geruch, eine Duftnote?<br>Gibt es einen dazugehörigen Geschmack? Süß, bitter, wie Kaffee, Zigaretten...? | | |

Positive Submodalitäten

- Schließen Sie dann Ihre Augen. Rufen Sie sich die unangenehme Situation (Ereignis 2) auf, und verändern Sie die Situation langsam mit den positiven Submodalitäten. Beispiel:
- In der angenehmen Situation ist Ihr Bild farbig, bewegt, hell, mit Musik, und Sie haben den Geschmack Ihres Lieblingsgetränks im Mund. In der unangenehmen Situation ist Ihr Bild schwarz/weiß, feststehend, still, und Sie haben einen bitteren Geschmack im Mund.
- Jetzt nehmen Sie Ihr unangenehmes Bild und machen es farbig, bewegt, hell, mit Musik und würzen es mit einem angenehmen Geschmack.
- Wie hat sich die Situation nun verändert?

## Tip für den Alltag

Erlebnisse, die Sie belasten und die Sie verändern wollen, sollten Sie immer wieder aufschlüsseln und auf die Submodalitäten untersuchen. Mit ein wenig Übung werden Sie herausfinden, daß bestimmte Submodalitäten in Ihnen immer wieder die gleichen Gefühle hervorrufen. Diese Erkenntnis hilft Ihnen dabei, immer schneller und zielgerichteter innere Bilder zu verändern. Ihr Wohlbefinden und Ihre psychische Gesundheit verbessern Sie so von Tag zu Tag.

## *Zweite Übung: Verändern des inneren Dialogs*

▶ Für diese Übung brauchen Sie etwa 15 Minuten. Lesen Sie einen Schritt, und schließen Sie dann die Augen. Öffnen Sie sie dann wieder, um den nächsten Teil zu lesen. Gehen Sie auf diese Weise die ganze Übung durch.

Ständige Selbstkritik behindert Handeln

1 Vergegenwärtigen Sie sich eine Situation, in der Sie sich fortwährend selbst kritisieren und dadurch in Ihrem Handeln behindern. Sie hören in sich einen andauernden aufreibenden inneren Dialog.
Fragen Sie sich:
- »*Wer kritisiert da eigentlich wen? Kenne ich diese Stimme?*« Hören Sie dabei Ihre eigene Stimme oder eine fremde?
- Achten Sie besonders auf Tonlage und Rhythmus. Was fühlen Sie, wenn Sie diesen inneren Dialog hören?

2 Erinnern Sie sich an einen Menschen, der positive, lobende Worte zu Ihnen sagte.
- Versuchen Sie genau zu hören, wie diese Stimme klang.

3 Übertragen Sie diese angenehme Stimme in die von Ihnen als unangenehm erlebte

Situation. Erleben Sie, wie sich die Situation verändert, wenn die Sie kritisierende Stimme mit einer anderen Stimmqualität zu Ihnen spricht. Erleben Sie, wie sich die gesamte Situation dadurch verändert.

**Akustische Submodalitäten ändern**

■ Häufig wirkt Kritik an uns selbst deshalb so lähmend, weil Tonhöhe und Sprechrhythmus des inneren Dialogs uns einschränken. Mit dem Ändern der akustischen Submodalitäten werden wir wieder eher bereit sein, dieser inneren, kritischen Stimme Gehör zu schenken. Zum Beispiel klingt der Satz: »*Das kannst Du sowieso nicht*« ganz anders, wenn Sie sich sagen: »*Das kannst Du nicht?*«

Sie haben Ihren Basiskurs nun abgeschlossen. Alle Übungen sollten Ihnen jetzt zumindest soweit vertraut sein, daß Sie sicher damit umgehen können. Vielleicht prüfen Sie sich noch einmal und arbeiten die eine oder andere Übung nach.
Der Basiskurs ist die Grundlage für den Aufbaukurs. Wir gehen in den folgenden Übungen davon aus, daß Sie Ihre Wahrnehmung in diesen ersten fünf Abschnitten geschärft haben. Die einzelnen Übungen des Basiskurses sollten Sie zum Bestandteil Ihres täglichen Lebens machen. Denn eine verfeinerte Wahrnehmung ist der Schlüssel, der Ihnen den Weg zu Gesundheit und Wohlbefinden ebnet.

**Übungen im Alltag integrieren**

## *Tip für den Alltag*

Behalten Sie Ihre angenehmen Submodalitäten gut in Erinnerung. Spielen Sie im Alltag mit ihnen. Wenn Sie sich in einer unangenehmen Situation befinden, versuchen Sie, diese mit Hilfe der Submodalitäten zu verändern. Sie können so die unangenehme Situation positiv umwerten. Nehmen Sie dabei alle Sinneskanäle zu Hilfe. Verändern Sie Formen, Farben, Gerüche, Geräusche und Gefühle. Beginnen Sie mit alltäglichen, weniger schwierigen Situationen.
Mit etwas Übung werden Sie bald Ihre Wahrnehmung und damit auch Ihre Lebensqualität verbessern können. Es wird sicherlich eine gewisse Zeit dauern, bis sich Ihre persönliche Landkarte und Ihr Lebensgefühl umfassend verändert haben. Lassen Sie deshalb nicht nach, wenn Sie nicht immer gleich Erfolg haben.

# Über sich selbst hinauswachsen

**Im zweiten Teil des NLP-Selbstlernprogrammes, dem Aufbaukurs, entdecken Sie das kreative Lernen. Sie lernen Lösungen zweiter Ordnung kennen, mit denen Sie gedankliche Grenzen überschreiten können. Indem Sie sich Ihrer Denk- und Verhaltensgewohnheiten bewußt werden, erkennen Sie auch den Lebensrahmen, in dem Sie sich geistig und körperlich bewegen. Schon der gedankliche Sprung aus diesem selbstgesteckten Rahmen offenbart Ihnen eine Fülle an ungewohnten Möglichkeiten. Er öffnet Ihnen die Tür zu einer neuen Welt.**

# NLP-Aufbaukurs

## Die Botschaft der Symptome

Während Sie sich im Basiskurs mit der inneren und äußeren Wahrnehmungswelt beschäftigt haben, möchten wir Sie im Aufbaukurs mit komplexer Veränderungsarbeit vertraut machen. Dies erfordert von Ihnen die Bereitschaft, den üblichen Rahmen Ihrer Denkgewohnheiten zu verlassen. Sie werden erfahren, daß die Lösungen für Probleme manchmal auch außerhalb des von Ihnen vermuteten Gedankenrahmens liegen. **Diese »andere« Denkwelt kennenzulernen, setzt Kreativität und den Wunsch voraus, Neues entdecken zu wollen.** Wir werden Sie auf diesem Weg Schritt für Schritt begleiten.

*Das Linienexperiment*

Wagen Sie folgendes Linienexperiment: Verbinden Sie in der Grafik unten die neun Punkte durch vier gerade, zusammenhängende Linien. Beim Ziehen der Linien dürfen Sie den Bleistift nicht vom Papier abheben. Ein Tip: Um die Lösung zu finden, müssen Sie den gewohnten Rahmen Ihres Denkens verlassen. Die Lösung finden Sie im Buchanhang auf Seite 96.

**Nicht gleich aufgeben, weiter probieren!**

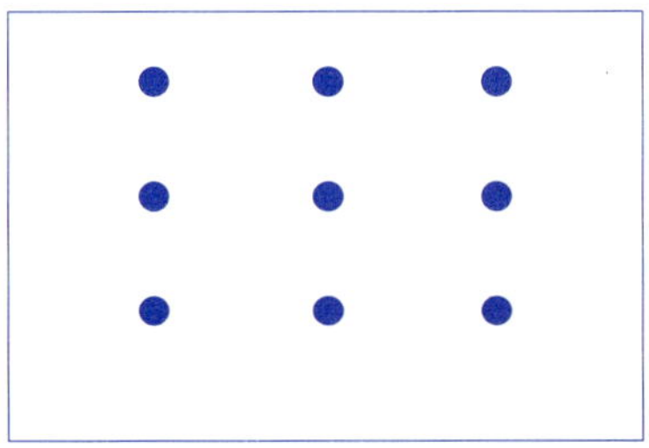

### *Kreatives Lernen*

**Zu neuen Lösungsmöglichkeiten**

Das Prinzip des kreativen Lernens beruht darauf, daß wir einen von uns gedachten und gelebten Rahmen von »Voran-nahmen« über das Leben überschreiten, um zu neuen Lösungsmöglichkeiten zu kommen.

### *Lösungen und Veränderungswege erster Ordnung*

Wir kennen alle unsere Bemühungen, Konflikte dadurch zu lösen, daß wir Mittel und Wege versuchen, die uns mehr oder weniger bekannt sind.

Sind wir mit unseren Lösungsversuchen nicht erfolgreich, geben wir entweder resigniert auf oder wir versuchen, unsere Anstrengungen zu verdoppeln.

### *Beispiel aus der Praxis*

Herr M. leidet unter Schlafstörungen. Häufig liegt er stundenlang schlaflos im Bett und wälzt sich von einer Seite auf die andere. Er schaltet das Licht an und macht sich Notizen über die Gedanken, die ihn nicht schlafen lassen. Anschließend versucht er von neuem, Schlaf zu finden. Je mehr Stunden verstreichen, und je weniger ihm bleiben, bevor der Wecker klingelt, umso mehr ärgert er sich. Er beginnt Schäfchen zu zählen. Vergebens! Der Schlaf stellt sich nicht ein. Er wird immer verzweifelter, wenn er daran denkt, wie müde er am nächsten Tag bei der Arbeit sein wird. Schließlich greift er zur Schlaftablette... Diese Art des Vorgehens, den einmal eingeschlagenen Weg weiterzugehen und bei ausbleibender Lösung die Anstrengungen immer mehr zu erhöhen, wird im NLP »Lösung erster Ordnung« genannt.

**Anstrengungen immer mehr erhöhen**

## *Lösungen und Veränderungswege zweiter Ordnung*

Während Lösungen und Veränderungswege erster Ordnung sich meist auf den »gesunden Menschenverstand« gründen, scheinen »Lösungen zweiter Ordnung« häufig absurd, unerwartet und vernunftswidrig. Ihrem Wesen nach sind sie überraschend und paradox.
In Herrn M.'s Beispiel besteht die Lösung zweiter Ordnung darin, daß er sich den Auftrag gibt, auf keinen Fall zu Bett zu gehen und einschlafen zu wollen. Er darf sich keine Notizen machen, weder ein Buch oder einen Artikel lesen noch irgendeine andere Bemühung unternehmen, einzuschlafen. Stattdessen soll Herr M. zum Beispiel mit aller Kraft die Augen geöffnet halten, damit er nicht einschläft. Die Lösung richtet sich mit dieser Intervention nicht gegen die ursprüngliche Schlaflosigkeit, sondern gegen die unternommenen Lösungsversuche. Die Veränderung (oder Lösung) zweiter Ordnung lautet daher in unserem Beispiel nicht, wie kann ihm das Einschlafen ermöglicht werden, sondern: Wie kann Herr M. daran gehindert werden, einschlafen zu wollen, damit er

**Auf keinen Fall einschlafen**

dann letztendlich über seinen Bemühungen doch noch Schlaf findet?

## *Die positive Absicht des Symptoms erkennen*

Das fortgeschrittene NLP in diesem Aufbaukurs beschäftigt sich mit den Lösungen und Veränderungen zweiter Ordnung. Zunächst legen wir um eine wahrgenommene Situation einen **gedanklichen Rahmen.** Im NLP nennen wir dieses Vorgehen »**framing**«. Der Rahmen (»frame«) symbolisiert unser Territorium, in dem wir uns gut auskennen und in dem wir uns zutrauen, Lösungsmöglichkeiten zu suchen.

**framing = in vertrautem Rahmen suchen**

Gehen wir nun einen Schritt über diesen Rahmen hinaus, so suchen wir außerhalb der gedachten Lösungswege neue Möglichkeiten und erweitern den alten Rahmen. Im NLP nennen wir dieses Vorgehen »**reframing**«.

**reframing = in erweitertem Rahmen suchen**

Um den gewohnten Rahmen verlassen zu können, gehen wir im NLP von der Grundannahme aus, daß die von uns wahrgenommenen Symptome, zum Beispiel Schmerz, Müdigkeit oder Niedergeschlagenheit, eine positive Absicht verfolgen, die wir auf den ersten Blick nicht erkennen können. Aus diesem Grund empfinden wir ein Symptom zunächst auch als störend und lästig.

Gehen wir jedoch darüber hinaus von der Annahme aus, daß **der Mensch ein biologisches System ist,** das sich nicht selbst behindern oder zerstören, sondern fördern und erhalten möchte, so müssen wir uns die Frage stellen: Was möchte uns dieses Symptom eigentlich mitteilen, daß es ein so deutliches Zeichen gibt?

Wenn also ein Symptom eine positive Absicht beinhaltet, so ist die Einschränkung, die wir durch die **Botschaft des Symptoms** empfinden, nur das Ergebnis eines zu engen Blickwinkels in einem zu kleinen Rahmen.

**Kleiner Rahmen – zu enger Blickwinkel**

In einem größeren Rahmen ist das festgestellte Symptom dagegen nicht mehr isoliert zu betrachten, sondern in einem Lebenszusammenhang mit anderen Teilen.

So erleben wir beispielsweise

- einen Persönlichkeitsanteil, der morgens gerne länger im Bett liegen bleiben möchte und dadurch in Konflikt mit dem Teil gerät, der pünktlich sein möchte;
- einen Teil, der gerne etwas mehr ißt oder trinkt, einen anderen, der zur Mäßigung anhält;

### Bitte beachten Sie

Im NLP wird der Ansatz verfolgt, daß jedes dieser Systemteile ein eigenes Bewußtsein hat und versucht, sein Ziel zu erreichen, um der gesamten Person bei der Erreichung des Gesamtziels dienlich zu sein. Alle Teile verfolgen die positive Absicht, miteinander in einem harmonischen und ausgewogenen Verhältnis zu leben.

- einen Teil, der gerne spazierengeht, und einen anderen, der lieber fernsehen möchte.

Im NLP sind »**Symptome**« Botschafter von Persönlichkeitsanteilen (auch Organe gehören dazu), die sich melden, da sie zu wenig Beachtung oder Würdigung ihrer – oft gerechtfertigten Ansprüche – erfahren. Die einzige Chance, sich gegen diese Nichtbeachtung zu wehren, besteht darin, uns Signale zu senden, die uns irritieren, sei es beispielsweise mit Schmerzen, Ängsten oder mit Verstimmungen.

**Symptome sind Körper-Signale**

Auch hier gilt das NLP-Prinzip: **Die Botschaft des Symptoms erkennen → darüber nachdenken → neu entscheiden!**

Versuchen Sie nun, selbst einmal hinter die gute Absicht Ihres »Botschafters«, des Symptoms, zu kommen. Vielleicht verspüren Sie Nackenschmerzen, Augenjucken, Hautreizungen, Müdigkeit oder innere Unruhe?

### Wichtig

Suchen Sie für die Durchführung der folgenden Übungen einen bestimmten Ort in Ihrer Wohnung auf. Wir wollen ihn den »**Ort neuer Lösungen**« nennen. Dies kann ein anderer Raum, ein Stuhl, den Sie beispielsweise wenig benutzen, oder ein anderes Kissen sein. Gestalten Sie sich zunächst diesen neuen Ort so, daß er Ihnen eine andere Perspektive bietet, bevor Sie weiterlesen.

## Übung: Lösungswege mit positiver Absicht

### Ziel der Übung

Sie lernen in dieser Übung ein »**reframing**«, indem Sie ein Symptom als »Hilfeschrei« eines Ihrer Persönlichkeitsanteile verstehen. Diesem gilt es, Aufmerksamkeit für seine Bedürfnisse zu schenken.

**Symptom als Hilfeschrei**

## *Beispiel aus der Praxis*

Frau K. fühlt sich stark belastet. Sie spürt einen Schmerz in der linken Schulter und im Nacken. Beim Abfragen der Submodalitäten (Basiskurs, Seite 55) kann sie sehr gut die Form, Beschaffenheit, Farbe und die Temperatur des Schmerzes beschreiben und bezeichnet ihn als »glühende Nadel«. Dieser Botschafter – »glühende Nadel« – kann ihr nun auch seine positive Absicht mitteilen: Frau K. solle sich mehr um sich selbst kümmern und lernen, manchmal auch »Nein« zu sagen.

**Die Botschaft des Symptoms annehmen**

Frau K. wird sehr nachdenklich und nimmt diese Botschaft an. Sie beschließt, ihrem Mann und ihren Kindern mehr Aufgaben zu übertragen und in der Wohnung einen Raum als Ruhepol für sich ganz alleine einzurichten.

## *Vorbereitung*

▶ Für die zweite Übung brauchen Sie etwa 30 Minuten Zeit, ein Blatt Papier und einen Stift. Suchen Sie dazu den »Ort neuer Lösungen« auf, und folgen Sie den Übungsanweisungen. Diese Übung besteht aus zwei Teilen. Lesen Sie zunächst die ganze Übung und gehen Sie dann Schritt für Schritt vor.

Zur Vorbereitung dieser Übung sollten Sie noch einmal die Submodalitätenliste auf Seite 57 benutzen.

## *Erster Teil*

**1** Schließen Sie die Augen, und denken Sie an das Symptom, das Sie gerade beschäftigt. Richten Sie Ihre Aufmerksamkeit auf die Einzelheiten:

- Wo genau in Ihrem Körper spüren Sie es? Benutzen Sie hierzu die **kinästhetischen Submodalitäten**.
- Hat es eine Form? Welche Größe und Farbe hat es? (**visuelle Submodalitäten**)
- Welche Temperatur und Struktur hat es? (weitere **kinästhetische Submodalitäten**)
- Hat es einen Klang oder eine Stimme? (**auditive Submodalitäten**)
- Vielleicht fallen Ihnen weitere Details dazu ein?

**2** In diesem Schritt sind Sie gefordert, den Rahmen Ihrer bisherigen Lösungsversuche zu überschreiten – also entgegen Ihrer üblichen Denkgewohnheiten zu handeln. Versuchen Sie, das Symptom zu **verstärken** oder **unangenehmer** zu machen. Achten Sie darauf, **wie** Sie es tun.

**Das Symptom verstärken**

> **Bitte beachten Sie**
>
> Gehen Sie beim zweiten Schritt sehr behutsam vor! Verändern Sie die Wirkungsweise des Symptoms nur in dem Rahmen, in dem es Ihnen erträglich erscheint. Es geht bei diesem Schritt lediglich darum, das Prinzip der Veränderung zu verstehen.

- Welche Submodalitäten setzen Sie ein? Ist es eher die Farbe oder die Temperatur, die Sie verändern möchten? Oder ist es vielleicht die Form? Machen Sie sich dazu Notizen.

**Das Symptom abschwächen**

**3** Im NLP gehen wir nun in einem Umkehrschluß weiter vor: **Denn was Sie verstärken können, können Sie auch abschwächen.**

- Verändern Sie die Submodalitäten so, daß das Symptom schwächer wird (Basiskurs, Submodalitäten, Seite 55).

## *Zweiter Teil*

▶ **Fragen** Sie den Teil, der hinter dem Symptom, zum Beispiel den Kopfschmerzen, steht:

- *»Guter Teil, der Du mir diese Kopfschmerzen geschickt hast, möchtest Du mit mir kommunizieren? Möchtest Du Dich als Teil zu erkennen geben und mir etwas mitteilen? Möchtest Du mir etwas mitteilen?«*
- Akzeptieren Sie die spontanen Antworten, die Ihnen dieser Teil im inneren Dialog übermittelt.

**Die Symptome hinterfragen**

- Sollten Sie nicht sofort eine Antwort erhalten, so haben Sie in aller Regel eine Ansprache gewählt, die offensichtlich **nicht** respektvoll oder angemessen war (zum Beispiel: »Verdammt, wieder dieser Schmerz!« oder: »Der blöde Rücken!«) Wenn wir, wie in unserem Beispiel, durch Schmerzen behindert werden, haben wir uns in aller Regel im inneren Dialog eine Ausdrucksweise zugelegt, die nicht hilfreich ist.
- Versuchen Sie es deshalb erneut in einer höflichen und liebevollen Art und Weise, auch wenn es Ihnen vielleicht nicht leicht fällt, bis Sie eine Antwort erhalten.

## *Dritter Teil*

**1** Stellen Sie sich das Symptom, den Botschafter, auf Ihrer **inneren Leinwand** vor. Wie ist seine Form, Farbe, Größe?

- Springen oder steigen Sie nun in den Teil, den Ihnen das Symptom geschickt hat. Tun

Sie so, als seien Sie dieser Teil, auch wenn es Ihnen noch so absurd vorkommen mag.

- Sie haben jetzt Ihre Wahrnehmungsposition gewechselt und schauen durch die Augen des Teils nun den Menschen, also sich selbst, an.
- Haben Sie als der Teil einen Namen? Benennen Sie ihn, zum Beispiel: *»Ich heiße Kopfschmerz.«*

**Im Dialog mit dem Kopfschmerz**

- Was empfinden Sie, wenn Sie Ihren Teil jetzt aus dieser Perspektive wahrnehmen?
- Was können Sie besonders gut, welches sind Ihre Fähigkeiten? Vielleicht erhalten Sie als Antwort: *»Ich habe die Fähigkeit, so starke Kopfschmerzen zu schicken, damit sich der Mensch noch mehr anstrengen muß, seine Arbeit zu beenden.«*
- Was, glauben Sie, motiviert Sie als Teil zu Ihrem Verhalten? Eine mögliche Antwort des Teils könnte lauten: *»Ich möchte, daß der Mensch noch mehr erschöpft ist, damit er endlich einmal die Arbeit unterbricht und sich erholt.«*

**2** Wechseln Sie erneut die Wahrnehmungsposition: Werden Sie wieder Sie selbst. Sie haben nun die **positive Absicht** erfahren, also das, was der Teil für Sie möchte.

- Nun gilt es, nach neuen Möglichkeiten zu suchen, um das tiefliegende Bedürfnis, also die positive Absicht Ihres Teils, durch **alternative Verhaltensweisen** zu befriedigen. Überlegen Sie sich andere geeignete Möglichkeiten, um der positiven Absicht zu entsprechen.
- Berücksichtigen Sie bei den neuen Verhaltensweisen, daß Sie Ihr Ziel, in unserem Beispiel: weiterzuarbeiten, nicht aus den Augen verlieren.

Suchen Sie nach neuen Wegen, die sowohl **Ihrem Ziel** (die Arbeit zu erledigen), als auch der **positiven Absicht** (sich zu erholen) dienen.

**Neue Verhaltensweisen finden**

In unserem Beispiel könnte eine neue Verhaltensweise darin bestehen, daß Sie von Ihrem Arbeitsplatz aufstehen und Ihre Arbeit für eine Stunde unterbrechen. Vielleicht könnten Sie dafür eine Verabredung am Abend verschieben.

Eine andere Möglichkeit wäre, sich die Erlaubnis zu geben, diese Arbeit zu unterbrechen und eine andere Arbeit zu tun, die abwechslungsreicher ist – mit dem festen Vorsatz, am nächsten Tag die alte Arbeit in neuer Frische fortzusetzen.

**3** Fragen Sie den Teil: *»Lieber Teil, sind die neuen Verhaltenweisen, die Du nun als Vorschlag gehört hast, sinnvoll für Dich? Kommen sie Deiner Absicht entgegen?«*

**4** Sollten sich Einwände ergeben, verändern Sie die neu gefundenen Verhaltensweisen so lange, bis der Teil damit zufrieden ist.
Fragen Sie sich darüber hinaus:

- *»Gibt es noch andere Persönlichkeitsteile, die gegen diesen Lösungsvorschlag etwas einzuwenden haben?«*
- Sollte sich ein Teil melden, fragen Sie ihn, ob er andere Lösungsvorschläge anzubieten hat, die dem Teil, der das Symptom geschickt hat, gefallen können.

Zum Beispiel könnte sich ein Teil melden, der sagt: »Der Lösungsvorschlag, die alte Arbeit zu unterbrechen, um sie später am gleichen Abend fortzusetzen, paßt mir nicht! Mit dieser Lösung wird mein Bedürfnis nach Unterhaltung nicht respektiert. Ich akzeptiere nur die zweite Lösung, nämlich die Arbeit erst am nächsten Tag wiederaufnehmen.«

**Ökologiecheck aller Teile**

- Setzen Sie diesen Dialog so lange fort, bis der Teil mit den neu gefundenen Lösungsvorschlägen und Verhaltensweisen einverstanden ist.
- Erst wenn Sie keine Einwände mehr erhalten (im NLP ist dies der **»Ökologiecheck«**, der die innere Balance aller Teile zueinander prüft), gehen Sie zum nächsten Schritt.

**5** Fragen Sie den Teil: *»Lieber Teil, in welchem* ***Zeitraum*** *möchtest Du die neuen Verhaltensweisen ausprobieren?«* Geben Sie eine klare Handlungsanweisung. Von jetzt an … bis …

**6** Nehmen Sie Ihr Blatt Papier zur Hand, und machen Sie sich einen **Aktions- und Zeitplan** (Basiskurs Seite 36):

- Wie und in welcher Zeit werden Sie die Verhaltensweisen umsetzen? Folgen Sie dabei dem Mustervertrag auf der nächsten Seite. Schreiben Sie auf Ihr Blatt den dort abgedruckten Wortlaut.
- Nach Ablauf des von Ihnen mit sich selbst vereinbarten Zeitraums, zum Beispiel: zwei

**Halten Sie Ihre neuen Verhaltensweisen schriftlich fest**

Wochen, nehmen Sie mit Ihrem Teil wieder Kontakt auf und fragen Sie ihn, ob er mit den neu eingeführten Verhaltensweisen zufrieden ist. Sollten daraufhin von dem Teil weitere Vorschläge geäußert werden, die von Ihnen andere Verhaltensweisen fordern, probieren Sie diese in einer neuen Probezeit aus.

- Auch wenn Ihnen nicht jeder der sechs Schritte vollständig gelungen ist, wurde trotzdem ein Veränderungsprozeß in Ihnen in Gang gesetzt.

**Dem Unbewußten vertrauen**

Vertrauen Sie Ihrem Unbewußten, daß es die Arbeit fortführt! Sie haben jetzt Kontakt mit diesem Unbewußten und mit der Weisheit, die hinter dem Symptom steht.

**Inneres Gleichgewicht**

Alleine schon Ihr Bemühen um Kontaktaufnahme mit dem Teil wird Sie auf neue Wege zum inneren Gleichgewicht führen. Nehmen Sie den Rat Ihres Teils zu weiteren Veränderungen an. **Nutzen Sie ihn als Freund.**

## *Tip für den Alltag*

Die beste Zeit, um mit den Teilen, die Ihnen Ihre Symptome (physische wie Schmerzen, Krankheit oder psychische wie üble Laune, Unpäßlichkeit) geschickt haben, zu kommunizieren, ist morgens vor dem Aufstehen und abends vor dem zu Bett gehen. Denken Sie daran, Veränderungen auszuprobieren und sich bei Ihren Teilen nach der Wirkung der Veränderung zu erkundigen und zu bedanken.

### *Vertrag*

Hiermit verpflichte ich mich, im Zeitraum von __________ bis __________ die folgenden Verhaltensweisen zu praktizieren:

**Verhalten 1**
Name und Beschreibung des Verhaltens: ______________________________,
wann ______________, wo ______________, wie genau ______________

**Verhalten 2**
Name und Beschreibung des Verhaltens: ______________________________,
wann ______________, wo ______________, wie genau ______________

**Verhalten 3**
Name und Beschreibung des Verhaltens: ______________________________,
wann ______________, wo ______________, wie genau ______________

# Auslöser, die das Wohlbefinden beeinflussen

Um negative Emotionen wie Unwohlsein, Gereiztheit, Angst und Wut auflösen zu können, muß ich mir zunächst über deren Ursachen klar werden. Wir möchten Ihnen eine Methode zeigen, mit deren Hilfe Sie Ihr eigenes Gefühls- und Körpererleben auf Einflüsse untersuchen können, die Ihr Wohlbefinden beeinträchtigen. **Auslöser** bestimmen die inneren und äußeren physiologischen Abläufe beim Menschen. Durch die Identifizierung solcher Impulse (= Auslöser), die uns oft unbewußt steuern und ganz bestimmte Programme in uns ablaufen lassen, können wir unser Leben wieder besser in den Griff bekommen. Wenn erst der Schalter zu einem Programm umgelegt ist, dann läuft es quasi automatisch in uns ab. Plötzlich werden wir uns dieses Gefühls, dieser Verhaltensweise oder Stimmung bewußt. Dies ist der Moment, wo wir etwas über diese »automatischen« Programme lernen und entdecken können. Konzentrieren wir uns deshalb auf den Moment, in dem uns ein Impuls zum »Funktionieren« bringt.

**Auslöser identifizieren**

Darüber hinaus werden Sie die Entdeckung machen, daß Sie häufig mit Orten, Menschen und Tätigkeiten in Kontakt kommen, die auf Sie **positiv** und **motivierend** wirken, ohne daß Ihnen dies stets bewußt ist. Diese Augenblicke exakt zu bestimmen, schafft die Basis für eine Veränderungsarbeit, die Ihnen neue Möglichkeiten und Wege für Ihre Gesundheit und Ihr Wohlbefinden eröffnen.

## *Beispiel aus der Praxis*

Herr A., ein Patient, litt unter einer Situation, die bei ihm starke physische und psychische Reaktionen auslöste:
Immer wenn er zu Hause in seine Garage fuhr, überkam ihn Angst, ins Haus zu gehen. Obwohl er seine Frau und seine Kinder liebte, wurden seine Stunden im Büro immer länger. Herr A. benutzte das Körper- und Seelenbarometer (Seite 73) und wurde sich seines Auslösers bewußt. Erst als er diesen genauer untersuchte, wurde ihm deutlich, was hinter dem Auslöser steckte:
Er hatte einen neuen Vorgesetzten bekommen und stand unter großem Erfolgsdruck.
Bei Nichterreichen seiner Monatsziele würde er seinen Job verlieren mit schwerwie-

**Körper- und Seelenbarometer**

genden finanziellen Folgen: Er würde für die größer werdende Familie keine neue Wohnung mieten können. Diese Situation hätte er seiner Frau schildern müssen, was Herrn A. sehr bedrückte, ihn müde und gereizt machte. Das Parken in der Garage war ein Auslöser für Angst und Streß, weil er das, was er eigentlich hätte tun sollen, nämlich sich auszusprechen, nicht tat. Das Parken des Autos setzte ein Programm in ihm in Bewegung, mit dem er die anstehende Klärung nur unterdrückte.

**Auslöser für Angst und Streß**

## Erste Übung: Das Körper- und Seelenbarometer verwenden

### *Ziel der Übung*

Sie lernen, zwischen Auslösern, die das Wohlbefinden beeinträchtigen und solchen, die es fördern, zu unterscheiden. Dadurch sind Sie in der Lage, die geeigneten Maßnahmen zu ergreifen, um

- negative Gefühle zu vermeiden oder sie zu verändern,
- positive Gefühle zu vermehren oder sie zu genießen.

### *Vorbereitung*

▶ Fertigen Sie bitte ein Blatt für Ihr **Körper- und Seelenbarometer** an, so wie Sie es auf der gegenüberliegenden Seite abgedruckt sehen.
Damit Sie auch ständig daran erinnert werden, an ihm zu arbeiten, sollten Sie es an einem Platz aufhängen, den Sie häufig aufsuchen, zum Beispiel an der Küchentür, der Kühlschranktür oder im Badezimmer. Machen Sie Ihre Eintragungen täglich. Füllen Sie dieses Körper- und Seelenbarometer mindestens zwei Wochen lang aus, um sowohl die Auslöser für Unwohlsein als auch die für Wohlbefinden anhand der entstehenden Kurve plastisch vor sich zu sehen.

**Zwei Wochen lang täglich ausfüllen**

Achten Sie beim Ausfüllen besonders auf die Situationen, die den Verlauf Ihrer Kurve verändern, die Ihr Befinden negativen und positiven Schwankungen unterwerfen, zum Beispiel ein Gespräch, ein Gedanke an einen Menschen oder Situation oder ein Brief.
Überlegen Sie dann:

- Was ist das Erleben meines Körpers? Fühlt er sich schwach, stark oder unbestimmt an? Wie ist mein Seelenzustand?
- Spüre ich einen Unterschied zwischen den Gefühlen in

meiner Seele und in meinem Körper? Beispiel: Ich bin gejoggt, mein **Körper** ist warm und durchtrainiert, aber mein **Gefühl** ist Erschöpfung.

**Zwei Farben für Körper und Seele**

- Benutzen Sie für die Körperkurve eine andere Farbe als für die Seelenkurve, um beide Verläufe deutlicher zu machen.
- Bereiten Sie nun einige Blätter wie die abgebildete Vorlage mit der Überschrift »Auslöser« auf Seite 74 vor.
- Wenn Sie nun Ihre Kurve zeichnen, dann notieren Sie gleichzeitig dort, wo die Kurve ihren Verlauf ändert, was genau dort geschehen ist. Benutzen Sie dafür Ihr **Auslöserblatt**. Unterscheiden Sie nach Menschen, Dingen, Tätigkeiten und Orten. Schreiben Sie die Namen und Begriffe auf, beantworten Sie die Fragen und beschreiben Sie Ihr Verhalten.

**Für jeden Auslöser ein neues Blatt**

Benutzen Sie für jeden Auslöser ein neues Blatt, und bewahren Sie diese auf. Es stehen noch einige andere Anweisungen darauf, damit werden wir uns noch ausführlich beschäftigen. Füllen Sie bitte jetzt nur die Punkte 1 und 2 aus.

## *Das Körper- und Seelenbarometer*

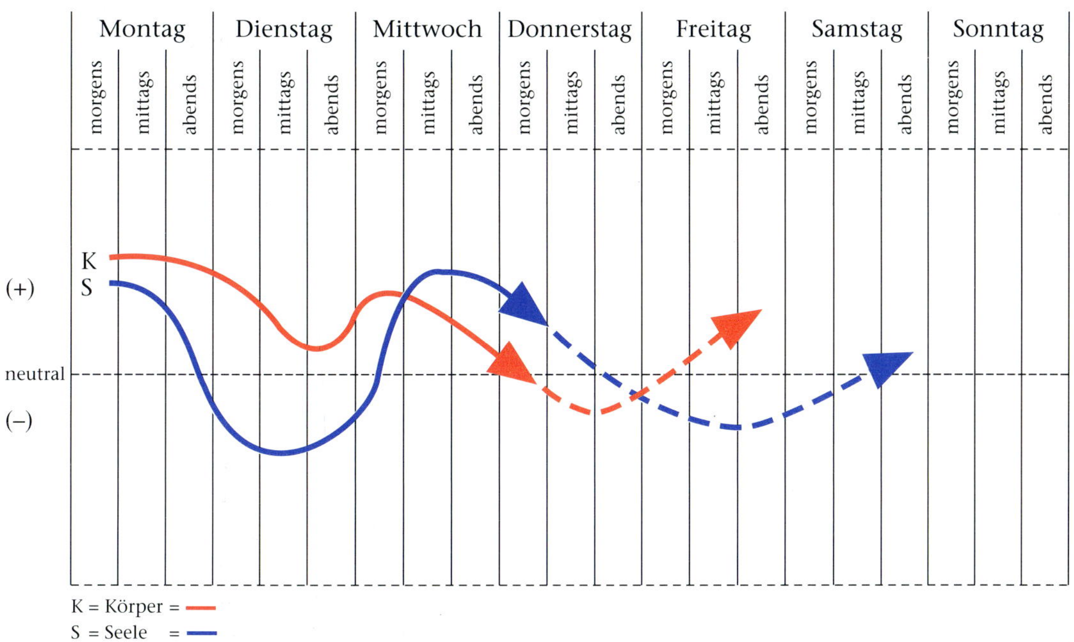

## *Auslöser »X« für eine (un-)angenehme Situation*

1. **Auslöser sind**
   Menschen: ______
   Dinge: ______
   Tätigkeiten: ______
   Orte: ______

   **Fragen dazu**
   Wer oder was war der Auslöser?______
   Wo, wann und mit wem fand die Situation statt? ______
   Was geschah in welcher Weise genau? ______

2. **Meine Gefühle und Gedanken dabei** ______
   Was empfinde ich in dieser Situation? ______
   Welche Gedanken habe ich dabei? ______

3. **Mein eigenes Verhalten**
   Wie habe ich mich verhalten? ______

4. **Dazugehöriger »Regelsatz«**
   Ich muß (immer) ______

5. **Die zu erwartende Katastrophe**
   Falls ich die »Regel« (ich muß…) nicht einhalte,
   was passiert dann? »Weil (sonst)______

6. **Kreative Umwandlung (vom »Müssen« zum »Können«)**
   a) Ich kann ______ (Wahlmöglichkeiten)
   b) Ich kann, wenn:
   (Bedingungen suchen, die positiv beeinflussen)
   1) ______
   2) ______

7. **Programmierung für die Zukunft**
   Immer wenn ich in Zukunft den Auslöser »X« entdecke,
   werde ich folgende Handlungsalternativen haben:
   1) ______
   2) ______

**Bereiten Sie einige Blätter wie die hier abgebildete Vorlage vor. Benutzen Sie für jeden positiven oder negativen Auslöser ein neues Blatt. Bewahren Sie die einzelnen Blätter auf. Sie werden sich zu einem späteren Zeitpunkt noch ausführlicher damit befassen.**

## *Zweite Übung: Grenzen überschreiten bei negativen Auslösern*

### *Ziel der Übung*

Anhand der gefundenen Auslöser lernen Sie nunmehr, sich die daran gekoppelten Programme bewußt zu machen und zu verändern. Diese Bewußtheit schafft die Basis für neue Entscheidungsspielräume und Veränderungen.

**Programme bewußt machen**

Ein Weg der **Veränderung erster Ordnung** wäre: Ich suche Auslöser mit positiven Empfindungen und vermeide solche Auslöser, die mit negativen Gefühlen verbunden sind – eine Lösung, die auch schon viel Erfolg bringt!
Allerdings bedenken Sie, wie umständlich möglicherweise Ihre Lebensführung werden kann, wenn Sie, um bestimmten Auslösern auszuweichen, Orte meiden, Menschen ausweichen, Bücher weglegen, Musik ausdrehen oder Nahrung verweigern müssen.
Manche Auslöser können nicht vermieden werden, Ihr Umgang mit ihnen bedarf einer Veränderung.
Beginnen Sie also mit einer **Veränderungsarbeit zweiter Ordnung:** Gedanklich müssen Sie dabei den bisherigen Rahmen überschreiten und nach Wegen außerhalb der bereits versuchten Lösungsmöglichkeiten suchen (Seite 63).

### *Vorbereitung*

▶ Zu der folgenden Übung sollten Sie Ihr Körper- und Seelenbarometer (Seite 73) sowie Ihre Blätter mit den Auslösern (Seite 74) verwenden und den »Ort neuer Lösungen« (Seite 65) aufsuchen.
Für die Veränderungsarbeit an einem negativen Auslöser brauchen Sie etwa eine halbe Stunde. Lesen Sie sich zunächst die gesamte Lektion durch, und beginnen Sie dann entsprechend der Übungsanweisung schrittweise vorzugehen.

**Eine halbe Stunde Zeit nehmen**

**1** Schauen Sie sich noch einmal Ihre Aufzeichnungen (»Auslöser« und »Körper- und Seelenbarometer«) an.
- Was war genau an den Stellen, an denen die Kurve ihren Verlauf nach unten (–) begonnen hat?
- Schließen Sie für einen Moment die Augen und versuchen Sie, sich die Szene, die Handlung und das dazugehörige Gefühl noch einmal in allen Details in Erinnerung zu rufen.

• Öffnen Sie nun die Augen: Prüfen Sie anhand Ihres Blattes, ob Sie alle Auslöser: **Menschen, Orte, Dinge, Tätigkeiten** erfaßt haben. Vielleicht haben Sie noch Ergänzungen zu machen. Tragen Sie sie unter **Punkt 1** Ihres Blattes »Auslöser« ein.

**2** Schließen Sie noch einmal die Augen. Versuchen Sie sich nun so genau wie möglich an Ihr Gefühl und die Gedanken, die damit verbunden sind, zu erinnern. Tragen Sie beides unter **Punkt 2** ein.

• Wie haben Sie sich in der Situation dann verhalten? Dies wird unter **Punkt 3** eingetragen.

• Prüfen Sie Ihre Ausführungen, und ergänzen Sie sie hinsichtlich der Dinge, die Ihnen mit der zeitlichen Distanz jetzt deutlicher werden.

**Ausführungen ergänzen**

### *Beispiel aus der Praxis*

Als Gabi an Situationen mit ihrem Chef dachte, erinnerte sie sich vor allem an eines: Nach einem Gespräch mit ihrem Chef mußte sie zunächst einmal wütend und zornig in die Kantine laufen, um dort einen Kaffee zu trinken. Anschließend erledigte sie ihre Arbeit lustlos und unmotiviert. Nachdem Gabi gelernt hatte, ihre Aufmerksamkeit für die Wahrnehmung von Auslösern zu schärfen, fiel ihr auf, daß ihr Chef immer mit einem lauten Knall die Türklinke niederschlug (Auslöser), bevor er ihren Raum betrat. Dabei schrak sie jedes Mal auf, mußte ihre Arbeit unterbrechen und hatte dabei das Gefühl, ihr Chef wolle sie beim Nichtstun erwischen. Daraufhin bekam sie einen roten Kopf, erwiderte nur wenig und übernahm widerspruchslos alle Arbeiten und Termine, obwohl sie wußte, daß sie kaum termingerecht fertig werden würde.

**Bestimmte Tätigkeit = Auslöser**

Gabi ging entsprechend vor:

• Sie beschrieb ihr Verhalten, wenn die Situation mit ihrem Chef eintrat, ihre Empfindungen, Gedanken und Gefühle.

• Wie war ihr Atem, und wo spürte sie ihn?

• Sie vergegenwärtigte sich ihre Körperhaltung, die sie in dieser Situation typischerweise einnahm.

**3** Durch die Gedanken und das Verhalten, die mit dem Auslöser verbunden sind, entsteht in Ihrem Unbewußten ein »Regelsatz«, der Ihr weiteres Verhalten in zwanghafter Weise beeinflußt. Beginnen Sie mit: *»Ich muß immer…«* Tragen Sie Ihren Satz unter **Punkt 4** auf

Ihrem Blatt »Auslöser« ein.
In Gabi's Beispiel lautet der Regelsatz: *«Ich muß immer alle Arbeiten übernehmen, egal, wieviel Arbeit ich schon habe!«*

**4** Untersuchen Sie Ihren formulierten Regelsatz genauer:
- Was genau wollen Sie mit diesem zwanghaften Verhalten eigentlich vermeiden?
- Überlegen Sie, welche »**Katastrophe**« Sie erwartet, wenn Sie dieses Verhalten nicht praktizieren. Tragen Sie Ihre Befürchtungen unter **Punkt 5** Ihres Blattes »Auslöser« ein.

Gabi stellt sich, da sie immer, wenn ihr Chef ihr Zimmer betritt, einen roten Kopf bekommt und wie gelähmt an ihrem Arbeitsplatz sitzt, die folgende Katastrophe vor: Mein Chef denkt, ich bekomme einen roten Kopf, weil er mich beim Faulenzen erwischt hat. *»Ich muß immer arbeiten, sonst wird mir gekündigt.«*

**Ausmalen der »Katastrophe«**

**5** Nachdem Sie sich bildhaft ausgemalt haben, was alles passieren könnte, beginnen Sie nun mit emotionalem Abstand mit der **kreativen Umwandlung**. Die Ausgangsfrage lautet: Wie kann ich **vom zwanghaften »Müssen« zum »Können«** mit Wahlmöglichkeiten gelangen? Dabei formulieren Sie zunächst den Anfang Ihres Muß-Satzes:
- ***»Ich kann (manchmal) ....«***

Tragen Sie dies unter **Punkt 6a** Ihres Blattes »Auslöser« ein.

Gabi sagt beispielsweise: *»Ich kann arbeiten und manchmal auch mehr übernehmen.«*

**Neue Wahlmöglichkeiten**

**6** Sprechen Sie einmal den **Kann-Satz laut** aus! Wie fühlt es sich an, diese Neuformulierung zu hören? Welche Bilder, inneren Kommentare, Gefühle stellen sich ein? Welche neuen Wahlmöglichkeiten eröffnet Ihnen die Umformulierung, damit Sie angemessen mit der Situation, die zuvor der Auslöser war, umgehen können?
Versuchen Sie zunächst, so viele Variationen wie möglich zu sammeln, und notieren Sie diese.
- Dann tragen Sie diejenigen, die Ihnen am angenehmsten und praktikabelsten erscheinen, in Ihre Tabelle unter **Punkt 6** ein.
- Bei dieser Arbeit berücksichtigen Sie vielleicht noch einmal die Anweisungen aus unserem Abschnitt »Zielbestimmung« (Seite 17ff.) und die dort angegebenen Kriterien. Dort finden

Sie Anregung, wie Sie die gefundenen Bedingungen formulieren können, damit sie für Sie unterstützend wirken.

Gabi notiert:
*Ich kann die Situation mit meinem Chef besser meistern, wenn ich beispielsweise sage:*

- *»Mein Gott, habe ich mich erschreckt! Ich habe so viel zu tun, daß ich ganz in meine Arbeit vertieft war.«*
- *»Wenn Sie einverstanden sind, erledige ich dieses erst einmal, sonst kommt alles durcheinander.«*
- *»Selbstverständlich übernehme ich diese Arbeit, wenn Sie mir sagen, in welcher Reihenfolge und was eventuell bis morgen liegen bleiben kann.«*

**7** Trainieren Sie jetzt, wie Sie das Programm mit den vormals negativen Auslösern zu einem **neuen Verhaltensmuster transformieren** können.

- Schließen Sie die Augen. Lassen Sie vor Ihrem inneren Auge eine **Leinwand** entstehen. Sie sind der Regisseur des Films und der Szenen, die jetzt dort ablaufen.
- Beginnen Sie nun, den Film ablaufen zu lassen, zunächst mit dem vormals negativen Auslöser, der das zwanghafte Verhalten auslöste.

Setzen Sie jetzt unmittelbar die gefundenen Lösungen in der Szene um. **Verknüpfen Sie also den Auslöser mit den neuen Verhaltensweisen.**

Gabi schreckt beim lauten Türknall ihres Chefs immer auf

Gabi in gelöster Haltung – nach der Analyse des Auslösers »Türknall«

- Proben und spielen Sie die Szenen auf der inneren Leinwand so lange durch, bis Ihnen die neue Verhaltensweise leicht und durchführbar vorkommt. Als Regisseur können Sie kreativ auf der Leinwand Ihr eigenes Verhalten so lange umgestalten, bis Sie das Gefühl haben, daß es dieser Situation angemessen ist.

**Etwas Neues ausprobieren**

- Trauen Sie sich, etwas Neues auszuprobieren: Wie können Sie sich noch anders bewegen? Welche Gesten können Sie unterstützend einsetzen? Können Sie ruhiger atmen, anders sprechen? Gestalten Sie **drei Szenen** entsprechend der drei von Ihnen gefundenen neuen Verhaltensweisen auf die gleiche Art. Wie sind die Submodalitäten? (Seite 55)
- Machen Sie von sich dort auf der Leinwand ein **starkes, ausdrucksvolles Bild** und genießen das gute Gefühl dabei.
- Entscheiden Sie sich zunächst für eine der drei Verhaltensweisen, um diese im Alltag zu üben. Sie wissen ja, daß Sie noch zwei weitere Lösungsmöglichkeiten formuliert haben.
- Öffnen Sie die Augen und sagen Sie sich: ***»Immer wenn ich in Zukunft diesen Auslöser bemerke, werde ich so reagieren, wie ich es mir auf der inneren Leinwand vorgestellt habe.«***

**Eine Verhaltensweise wählen**

Gabi entscheidet sich für folgende Verhaltensweise: *»Immer wenn die Tür meines Büros mit einem lauten Knall geöffnet wird und mein Chef vor mir steht, werde ich aufspringen und sagen: Mein Gott, habe ich mich über das Knallen der Türklinke erschrocken. Ich war in meine Arbeit sehr vertieft. Wenn Sie einverstanden sind, erledige ich dieses erst einmal, sonst kommt alles durcheinander.«*

## *Tip für den Alltag*

In gleicher Weise sollten Sie auch auf Auslöser achten, die Sie positiv stimulieren oder Ihnen ein angenehmes Gefühl vermitteln. Nutzen Sie diese Auslöser, um sich mit Kraftquellen (im NLP werden diese »**Ressourcen**« **genannt)** zu versorgen. Sie helfen Ihnen, eine positive Stimmung zu erzeugen.

# Umgang mit Streß

»Streß« ist ein Wort, das jeder von uns benutzt und das doch für jeden eine andere, individuelle Bedeutung hat. Zweifellos hat dieses Gefühl »Streß« etwas mit der Art und Weise zu tun, wie wir auf plötzliche Veränderungen in unserer Umwelt reagieren. Furcht, Angst und Schmerzen sind häufige Reaktionen unseres Körpers.
Medizinisch betrachtet, passiert dabei folgendes:
Wird eine körperliche Reaktion ausgelöst, schießt Adrenalin, ein sehr wirksames Hormon, in unseren Blutkreislauf. Ein anderes Hormon, Nor-Adrenalin, wird durch die damit verbundenen Emotionen erzeugt. Die Blutzirkulation wird angeregt, und mehr Sauerstoff wird daraufhin in das Blut gepumpt. Die Atemgeschwindigkeit erhöht sich, die Muskeln spannen sich an, und die Sinneswahrnehmung wird schärfer. Der ganze Körper wird in Alarmbereitschaft versetzt.

**Körperliche Reaktionen auf Streß**

Dieses Reaktionssystem ist eigentlich dafür geschaffen, daß wir in lebensbedrohenden Situationen auf Gefahren vorbereitet sind. Unser Körper kann eine solche Streßreaktion allerdings nur für einen kurzen Moment aufrechterhalten.
Bleibt sie über einen zu langen Zeitraum konstant, tritt ein Ungleichgewicht ein. Wir bezeichnen diesen Prozeß auch als Disstreß. Medizinische Untersuchungen haben nachgewiesen, daß diese durch längere Streßphasen ausgelösten Disbalancen das Immunsystem schwächen. Je mehr Sie Ihren Körper also Streßsituationen aussetzen, umso mehr müssen Sie lernen, einen neuen Umgang mit diesem Phänomen zu entwickeln.

**Streß schwächt das Immunsystem**

Für die folgenden Übungen suchen Sie einen Ort auf, an dem Sie mit einem bequemen Sessel ungestört und alleine sein können.

## *Erste Übung: Auslöser für Streß finden*

Nutzen Sie die bisher gelernten Fähigkeiten dieses Trainingsprogramms.

- Beschäftigen Sie sich noch einmal mit unserem Kapitel »**Körper- und Seelenbarometer**« (Seite 72).

Finden Sie den Auslöser für Ihren Streß, und entdecken Sie anhand der Kurven in Ihrem Barometer die unterschiedliche Stärke des Stresses in Zusammenhang mit seinen Auslösern.

Fahren Sie dann so fort, wie wir dies in unserem Kapitel »Auslöser, die das Wohlbefinden beeinflussen« (Seite 71) beschrieben haben.
Eine andere Vorgehensweise besteht darin, die heftigen Streßreaktionen, zum Beispiel Schweißausbrüche, nasse Hände, Herzklopfen, als einen Versuch Ihres Körpers zu würdigen, Ihnen Schutz zu gewähren und Sie in Alarmbereitschaft zu versetzen.

**Was ist die positive Absicht von Streß?**

- Fragen Sie sich dann, worauf die Streßreaktion Sie aufmerksam machen möchte, was ihre **positive Absicht** ist. (»Botschaft der Symptome«, Seite 62)
- Weitere Anregungen, sich mit dem Thema Streß zu beschäftigen, erhalten Sie im Basiskurs, Kapitel »**Submodalitäten**« (Seite 55): Stellen Sie eine für Sie ähnliche, aber streßfreie Situation (Ereignis 1) Ihrer stressbeladenen Situation (Ereignis 2) gegenüber, und arbeiten Sie dann mit der beschriebenen Technik der Submodalitätenveränderung (Seite 56), oder
- suchen Sie nach neuen **Wahlmöglichkeiten**, wie es im Kapitel »Grenzen überschreiten mit negativen Auslösern« (Seite 75) beschrieben ist.

## *Zweite Übung: Gedankenkontrolle mit dem Separator*

Streß bedeutet im Normalfall, daß Sie keine Kontrolle über Ihr eigenes Verhalten haben. Der Auslöser bestimmt, wie Sie sich fühlen, in welcher Gedankenschleife Sie sich befinden. Sie haben keine Entscheidungsfreiheit darüber, wie Sie reagieren wollen.

### *Ziel der Übung*

Diese Übung zeigt Ihnen, wie Sie den Automatismus von Auslöser und darauf folgender Reaktion **unterbrechen** und dadurch die Freiheit gewinnen können, sich für ein neues Verhalten zu entscheiden.
Zunächst erfahren Sie, wie man eine Programmfolge unterbricht.

**Programmfolge unterbrechen**

Eine der schwierigsten Aufgaben für die Arbeit mit NLP ist es, die Unterbrechung eines automatisch ablaufenden Programms zu trainieren.

### *Vorbereitung*

▶ Besorgen Sie sich für diese Übung im Schreibwarengeschäft gelbe Klebezettelchen. Verwenden Sie so viele gelbe Klebezettelchen wie möglich.

Schreiben Sie darauf die Worte: **»Stop! Gedankenkontrolle«.** Heften Sie die Zettel an alle Stellen, wo Sie sie häufig sehen können: ans Telefon, in den Kalender, im Auto neben den Tacho, in der Küche, neben den Rasierspiegel. Jedesmal, wenn Sie einen gelben Zettel sehen, wird er Ihnen ein Signal sein und Sie daran erinnern, innezuhalten.

**»Separator« am Telefon: streßfreier, ruhiger sprechen**

**1** Immer, wenn für Sie »Streß« bemerkbar wird, zum Beispiel durch ein körperliches Gefühl und/oder durch einen hektischen »inneren Dialog«, machen Sie einen tiefen Atemzug, und sagen Sie laut: »Stop! Gedankenkontrolle.«

**2** Proben Sie diese willentliche Unterbrechung (im NLP »**Separator**« genannt). Sie werden darüber überrascht sein, daß die üblichen Reaktionsweisen nicht mehr wie gewohnt ablaufen: **Ihr übliches Programm ist unterbrochen!** Diese Irritation werden wir in der nächsten Übung nutzen. Sie haben jetzt begonnen, einen in Ihrem Unterbewußtsein »einprogrammierten« Ablauf zwischen Auslöser und Reaktionsweise zu unterbrechen.

## *Dritte Übung: Durch Auslöser Selbst-Anker setzen*

In unserem Abschnitt »Auslöser« (Seite 71) haben wir uns mit der Frage beschäftigt, welche Ereignisse Ihr Wohlbefinden so beeinflussen können, daß sich Ihr körperliches und seelisches Befinden dadurch verändert. Wenn diese Auslöser in der Lage sind, positive innere Verarbeitungsprogramme in Gang zu setzen, warum sollten wir diese in unserem Körper doch eigentlich phantastisch funktionierenden Programme nicht aktiv nutzen, um uns bewußt dosierte, positive »Streßschübe zu verordnen«?

**Positive Auslöser gezielt einsetzen**

## *Ziel der Übung*

Wir wollen Auslöser (im NLP »**Anker**« genannt) bewußt als Instrument einsetzen lernen, um in uns bewußt gewählte Programme in Gang zu setzen. Dadurch werden **positive Gemütszustände abrufbereit und für den Alltag immer wieder verfügbar.**
Solche **Auslöser oder Selbst-Anker** können alle Sinne ansprechen, beispielsweise:

**Positive Auslöser = Selbst-Anker**

- **kinästhetisch:**
das Berühren eines Gegenstands (Kugelschreiber, Ring am Finger) oder auch das Falten der Hände, das Berühren des Ohrläppchens, ein tiefer Atemzug
- **visuell:**
die Vorstellung einer Farbe, eines Symbols oder das Bild eines Menschen, eines Gegenstands
- **auditiv:**
sich selbst ein Wort sagen (»schön, hmmm, toll«) oder innerlich einen Ton oder eine Melodie summen.

▶ Nun überlegen Sie sich, welcher Anker zu Ihrem Alltagserleben paßt, so daß er von Ihren Mitmenschen nicht als komisch empfunden wird.
Beispiel: Sie möchten eine Melodie summen (auditiver Auslöser). Können Sie dies auch, ohne daß man es hört?
Sie möchten eine Stelle an Ihrem Körper drücken (kinästhetischer Auslöser), kann dies andere Menschen verwundern? Eine Idee wäre zum Beispiel, die Hände zu falten oder die Fingerspitzen zusammenzudrücken.
Sie wollen eine bestimmte Farbe visualisieren. Können Sie dies, ohne Löcher in die Luft starren zu müssen?
Möchten Sie sich ein Code-Wort – zum Beispiel einen Namen oder einen Urlaubsort – sagen, das in Ihnen eine positive Erinnerung oder Vorstellung auslöst? Können Sie dieses Wort auch nur denken, statt es laut auszusprechen?

## *Vorbereitung*

▶ Haben Sie den für Sie passenden Selbst-Anker gefunden? Wenn ja, dann können Sie mit der Übung fortfahren.
Suchen Sie sich einen ruhigen, ungestörten Platz. Sie brauchen für die folgende Übung etwa 15 Minuten Zeit.

**1** Setzen Sie sich auf einen Stuhl, schließen Sie die Augen.

**Einen Höhepunkt in Ihrem Leben suchen**

- Suchen Sie eine der **schönsten, angenehmsten und entspanntesten Situationen Ihres Leben** aus (und sei es nur ein Augenblick gewesen!).

• Nehmen Sie sich Zeit dafür. Schauen, hören und fühlen Sie sich in diese Situation wieder hinein. Erleben Sie sie erneut mit all Ihren Sinnen.

2 Achten Sie jetzt auf Ihr Gefühl: Wann erleben Sie die Situation auf dem **Höhepunkt**? Wann empfinden Sie das Glücksgefühl oder die Ruhe am intensivsten?

• Benutzen Sie nun Ihren ausgewählten **Selbst-Anker** und betätigen Sie ihn entsprechend. Nehmen Sie einen tiefen Atemzug, sagen Sie das »Code-Wort«, oder berühren Sie den Ring an Ihrem Finger.
Sie werfen damit sozusagen einen Anker, um die Situation festzuhalten.

**Durch die Berührung eines Rings sich positiv ankern**

• Genießen Sie den Zustand ein paar Minuten lang.

3 Unterbrechen Sie die Übung für einen Moment. Schauen Sie aus dem Fenster, stehen Sie auf, und bewegen Sie sich.

4 Testen Sie nun, ob Ihr Selbst-Anker funktioniert.

• Setzen Sie sich wieder hin und schließen Sie die Augen.

• Nehmen Sie einen tiefen Atemzug, und lösen Sie Ihren Selbst-Anker erneut aus!

• Stellt sich das gute Gefühl wieder ein, vielleicht auch die Szene?

5 Durchlaufen Sie dreimal den dritten und vierten Schritt.

• Bevor Sie den Selbst-Anker auslösen, sagen Sie sich: »*Wann immer ich einer Streßsituation begegne, werde ich zunächst »STOP! Gedankenkontrolle*!« sagen, dann den Selbst- Anker auslösen.

**Den Selbst-Anker bei Streß auslösen**

• Nehmen Sie einen tiefen Atemzug. Damit ziehen Sie sich ein wenig aus der Situation zurück und treten in Gedanken ein wenig zur Seite.

• In diesem Augenblick schaffen Sie für sich Schutz und Abstand, um in Ihnen wieder Orientierung zu finden. Sagen Sie sich:
»*Ich werde ruhig und entspannt.*«

- Dann können Sie den Anker wieder loslassen.
- Sollte die Intensität des Streßgefühls wieder zunehmen, beginnen Sie erneut in gleicher Weise, wie es im fünften Schritt beschrieben ist.

### *Tip für den Alltag*

Arbeiten Sie mit dem Selbst-Anker und Ihren neuen Programmen **mehrmals am Tag**. Beginnen Sie damit in der Frühe, bevor Sie aufstehen. Lösen Sie Ihren Selbst-Anker auf dem Weg zur Arbeit, im Auto, in der U- oder S-Bahn und bevor Sie zu Bett gehen. Wenn die Wirkung einmal nachlassen sollte, überarbeiten Sie Ihr Selbst-Anker-Programm noch einmal in der oben beschriebenen Weise.
**Testen Sie die Wirkung Ihres Selbst-Ankers vor allem vor Situationen, in denen Sie Streß erwartet.**

## Verwirrende Emotionen klären

Wir alle kennen die Augenblicke im Leben, in denen wir durch einen starken emotionalen Zustand verwirrt sind. Wir interessieren uns nicht mehr für unsere Umwelt, die Tätigkeiten, die wir ausüben.
Starke Gefühle von Verliebtheit können uns genauso durcheinander bringen wie Augenblicke der Hoffnungslosigkeit oder Niedergeschlagenheit. Ursache für diese Verstrickung in Gefühle, die uns dazu bringen, den Überblick zu verlieren, ist eine Abfolge von Programmsequenzen, die wir nicht kontrollieren und aus denen wir deshalb kaum ausbrechen können. Dabei kann aus einer physischen Überforderung eine lähmende Niedergeschlagenheit oder aus dem Gefühl der Schutzlosigkeit bedrückende Angst werden.

**Positive und negative Gefühle können gleichermaßen verwirren**

Wenn Sie solche Emotionen häufiger erleben, wird es sich für Sie lohnen, das Schaubild auf Seite 86 einmal genauer zu untersuchen. Selbst in dem Fall, daß die oben angesprochenen Gefühle Ihnen fremd sind, empfehlen wir Ihnen, sich damit auseinanderzusetzen. Es wird Ihnen helfen, die »Knoten« Ihrer emotionalen Verstrickungen zu entwirren.
Das Schaubild auf der nächsten Seite erläutert Ihnen die methodische Idee der folgenden drei Übungen.

## *Vom schlechten zum guten Gefühl*

**Positive Verknüpfungen von Emotionen haben folgendes Muster:**

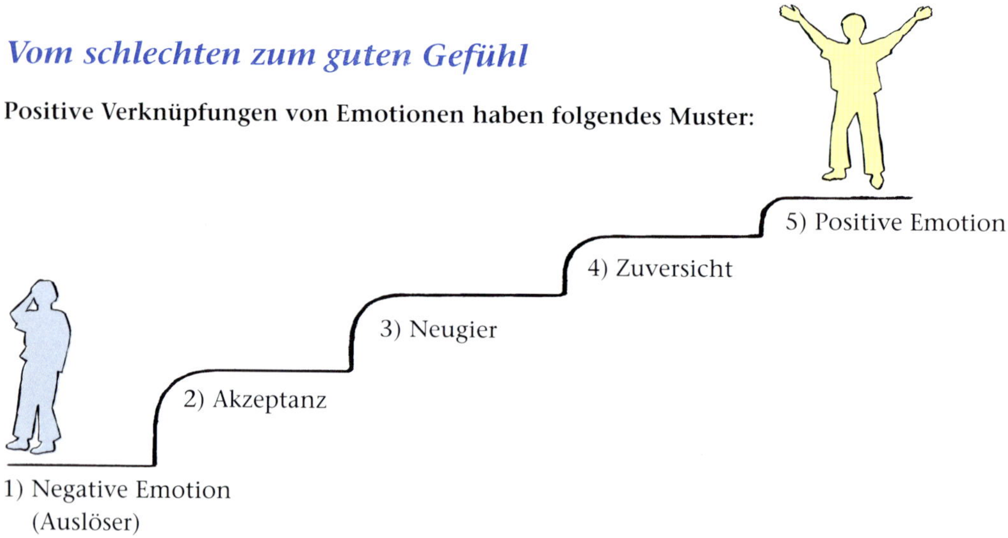


## *Erste Übung: Besorgnis und Verunsicherung*

**Zustand der Niedergeschlagenheit**

Für den Fall, daß Sie unter Ihren Auslösern auch solche mit negativen Gefühlen notiert haben (Seite 74), können Sie für diese Übung jetzt Ihre Notizen nutzen. Falls Sie noch keine negativen Auslöser gefunden haben sollten, überlegen Sie einmal, wann Sie in einem Zustand der Niedergeschlagenheit waren, aus dem Sie sich nur schwer befreien konnten.

### *Ziel der Übung*

Sie lernen, Besorgnis, Verunsicherung oder ähnliches als auslösende Signale zu nutzen und mit ihrer Hilfe Veränderungsprozesse in Gang zu setzen. Nehmen Sie sich 15 Minuten Zeit dafür.

**1** Werden Sie sich bewußt, daß bestimmte Situationen oder Menschen Sie **verunsichern.**

**Negative Gefühle akzeptieren**

**2** **Akzeptieren** Sie, daß Besorgnis und Verunsicherung ein Signal dafür sind, daß Sie sich auf solche Ereignisse oder Begegnungen besser vorbereiten sollten. Würdigen Sie diese Symptome Besorgnis und Verunsicherung in ihrer Bedeutung als wichtige Signale (»Botschaft der Symptome«, Seite 62).

**3** Fragen Sie sich mit einem Gefühl der **Neugier**, was Sie tun können, um sich auf kommende Ereignisse besser vorzubereiten. Sollten Sie beispielsweise mehr Informationen einholen, oder benötigen Sie einfach ein Gefühl von »Vertrauen« oder »Mut«?

**Neugier**

**4** Erinnern Sie sich an frühere Gelegenheiten, bei denen Ihnen die Fähigkeiten zur Verfügung standen, vorbeugend oder spontan angemessen zu reagieren. Seien Sie **zuversichtlich**, daß Ihnen das wieder gelingen wird.

**Zuversicht**

**5** Stellen Sie sich nun vor, wie Sie auf **zukünftige Herausforderungen** oder Bedrohungen reagieren wollen, und bereiten Sie sich entsprechend darauf vor:

**Zukünftige Ereignisse**

- Stellen Sie sich eine innere Leinwand vor, und gestalten Sie ein mögliches zukünftiges Ereignis mit den neu gefundenen Emotionen – zum Beispiel Mut oder Zuversicht – so lebendig wie möglich.

Außerdem können Sie auch die Technik des Selbst-Ankerns einsetzen, wie es auf Seite 82 bis 85 erklärt ist.

### *Tip für den Alltag*

Sollten Sie häufig mit solchen und ähnlichen Gefühlszuständen zu tun haben, empfehlen wir Ihnen, diese Übung täglich zu machen, bis Sie sich zutrauen, diese Fertigkeiten immer häufiger einzusetzen.

## *Zweite Übung: Einsamkeit*

Einsamkeit ist ein Gefühl, dem beinahe jeder von uns einmal in seinem Leben begegnet. Durch den Trend zur Individualisierung geraten viele Menschen in unserer Single-Gesellschaft zunehmend in Isolation. Die Fähigkeit, menschliche Kontakte herzustellen und zu pflegen, gewinnt daher immer mehr an Bedeutung. Oft blockieren wir uns aber durch Ängste und Hemmungen selbst in unserer Kontaktfähigkeit. Die folgende Übung soll Sie dabei unterstützen, diesem Problem abzuhelfen.

**Menschliche Kontakte herstellen**

**1** Erkennen Sie Ihr Gefühl von Einsamkeit an.

- Was sehen, hören, fühlen, schmecken und riechen Sie, wenn Sie an eine Situation der

**Einsamkeit** denken oder sich in ihr wiederfinden?

2 **Würdigen** Sie es als ein Signal für Ihr Bedürfnis nach Kontakt, Gemeinschaft und Kommunikation mit einem anderen Menschen.

3 Überprüfen Sie mit einem Gefühl der **Neugier**, welchen Kontakt oder welche Beziehung Sie **mit wem und wie möchten**. Soll es ein bestimmter Mensch sein oder irgendein beliebiger?

**In fünf Schritten zum positiven Gefühl**

4 Erinnern Sie sich an **persönliche, positive Situationen**, in denen Sie Kontakt hergestellt haben:

- Was, mit wem und wie haben Sie den Kontakt initiiert? Seien Sie **zuversichtlich** in bezug auf Ihre (vielleicht wieder zu entwickelnden) Fähigkeiten, Kontakte Ihrer Wahl zu knüpfen.

5 Stellen Sie sich im letzten Schritt vor, wie Sie es in Zukunft anstellen werden, mit der von Ihnen ausgewählten Person Kontakt herzustellen und auszubauen. Stellen Sie es sich so lebendig, praktikabel und flexibel wie nur möglich vor, so lange, bis Sie sich Ihrer **Fähigkeiten sicher fühlen**.

Gehen Sie hier auch nach der von uns beschriebenen Weise aus dem Basiskurs, Kapitel »Zielfindung« (Seite 32 bis 36) vor. Nach diesem Schema können Sie jedes Gefühl überprüfen und bewußt neu gestalten.

## *Dritte Übung: Unklare Gefühlszustände*

Manchmal fühlen wir uns unwohl, ohne so recht zu wissen, warum. Auch für solche Fälle hilft unsere Strategie der »Klärung von Emotionen«.

**Klärung von Emotionen**

1 **Bestimmen Sie Ihr Gefühl.** Versuchen Sie, ihm einen Namen zu geben, auch wenn Sie es nur »Unklarheit« nennen können.

2 **Würdigen** Sie es als ein Signal für ein tiefes Bedürfnis in Ihnen.

3 Überprüfen Sie mit dem Gefühl der **Neugier**: »Was möchte mir dieses Gefühl sagen? Welche positive Absicht steht hinter ihm? Welches innere Bedürfnis wird durch mein Symptom angesprochen?«

4 Erinnern Sie sich an eine Situation, in der Sie das Bedürfnis, das sich in Form von unklaren Gefühlszuständen bei

Ihnen gemeldet hat, angemessen befriedigen konnten. Seien Sie **zuversichtlich** in bezug auf Ihre Fähigkeiten, denn sie standen Ihnen ja alle einmal zur Verfügung.

**5** Stellen Sie sich im letzten Schritt vor, wie Sie es in **Zukunft** anstellen werden, diese Bedürfnisse in Ihnen zu befriedigen. Stellen Sie es sich so lebendig, praktikabel und flexibel wie möglich vor, so lange, bis Sie sich Ihrer Fähigkeiten sicher fühlen: Auf Ihrer inneren Leinwand ankern Sie sich dann die gefundenen positiven Gefühle.

## Umgang mit Schmerz

Schmerz ist ein Symptom und somit Botschafter eines Persönlichkeitsanteils. Er alarmiert uns bezüglich eines aufgetretenen Problems und warnt uns: »Paß auf!« Er ist ein Signal, auf das wir reagieren sollten, indem wir nicht nur nach der physisch-medizinischen Ursache suchen, sondern auch den **gesamten Lebenszusammenhang betrachten, in dem der Schmerz entstanden ist.**

**Schmerz ist ein Symptom**

Schmerzen können in unterschiedlichen Intervallen auftreten: chronisch, spontan oder zyklisch. Migräne, Kopfschmerzen, Rückenschmerzen, ebenso Zahnschmerzen, postoperative Schmerzen, Verspannungen und ähnliches sind auf gleiche Weise positiv beeinflußbar und können mit NLP behandelt werden.

**Bestimmte Schmerzen mit NLP behandeln**

### *Bitte beachten Sie*

Bei hartnäckigen, anhaltenden Schmerzen bitten wir Sie, einen Arzt aufsuchen. **Das NLP kann eine medizinische Therapie nicht ersetzen!** Es liefert Ihnen jedoch eine Menge Anregungen, wie Sie einen differenzierten Zugang zu einem Symptom als Auslöser und den damit verbundenen Reaktionsweisen Ihres Körpers entwickeln können.

Alle Übungen in den vorangegangenen Kapiteln sind dazu geeignet, jene Lebensmuster zu verändern und zu bearbeiten, die das Symptom verursacht haben. Die Bearbeitung eines Schmerzsymptoms können Sie in den Kapiteln »Botschaft der Symptome« (Seite 62) und »Auslöser« (Seite 71) nachlesen.

### *Ziel der Übung*

Sie lernen einen selbsthypnotischen Weg zur Schmerzlinderung kennen.

*Vorbereitung*

Finden Sie einen für Sie bequemen Platz und eine angenehme Sitzposition, um eine Entspannung zu ermöglichen.
Bedenken Sie, daß Sie ein wenig Zeit brauchen. Lesen Sie sich zunächst die ganze Übung durch, um sie zu verstehen. Dann beginnen Sie die Übung. Sorgen Sie dafür, daß Sie in den nächsten 20 Minuten nicht gestört werden.
Nehmen Sie ein Blatt Papier und einen Stift zur Hand: Schreiben Sie bitte Ihr Ziel darauf und zwar so spezifisch und detailliert wie möglich. Vermeiden Sie vor allem negative Formulierungen; Begriffe wie »schmerzfrei«, »kein Brennen«, »kein Stechen« sind ungeeignet. Belasten Sie Ihr Gehirn nicht mit Signalen, die negativ belegt sind.

**Das Ziel positiv formulieren**

**Formulieren Sie Ihr Ziel positiv. Woran genau werden Sie arbeiten und warum?**

**1** Schließen Sie die Augen, wenden Sie Ihren Blick nach innen und suchen Sie die Stelle, an der der Schmerz sitzt.

- Beschreiben Sie die Form, die Gestalt und das Aussehen des Schmerzes, beispielsweise als Stein, Schraube, Spinngewebe, Kugel oder Ball. Wo grenzt sich seine Form zu der schmerzfreien Umgebung ab?
- Welche Farbe hat der Schmerz? Ist diese Farbe überall gleich?
- Welche Temperatur hat der Schmerz? Ist er eher kühl oder warm?

**Abfluß von Schmerz**

**2** Legen Sie aus dem Zentrum des Schmerzes eine »Leitung«, **ein feines Röhrchen**, durch das der Schmerz abfließen kann.

- Finden Sie einen Weg durch Ihren Körper, so daß das Röhrchen **einen Ausgang** an einer Hand oder an einem Fuß finden kann.
- Welche Farbe hat dieses Röhrchen?

**3** Achten Sie darauf, wie nun der Schmerz abfließt. Geben Sie dem Schmerzzentrum folgenden Auftrag, den Sie laut oder stumm aussprechen: *»Abfließen!«*

- Falls das Abfließen irgendwo ins Stocken gerät, können Sie das Röhrchen verlegen oder die Farbe des Röhrchens verändern oder etwas anderes verändern. Setzen Sie, falls nötig, auch andere Submodalitäten ein. Verwenden Sie soviel Kreativität wie möglich, damit das Abfließen zustande kommt.
- Genießen Sie das befreiende Gefühl, wenn Ihr Schmerzzentrum entlastet wird.

- Konzentrieren Sie sich darauf, **daß der Durchfluß regelmäßig ist und der Schmerz durch das Abfließen nachlassen wird.**

**Bei Kopfschmerzen: Abfluß von Schmerz rot, Zufluß von Sauerstoff blau**

4 Legen Sie ein zweites Röhrchen: Es kommt vom Herzen (bei Herzschmerzen vom Gehirn) und sucht sich einen Weg zum Schmerzzentrum.

- Welche Farbe hat dieses Röhrchen?

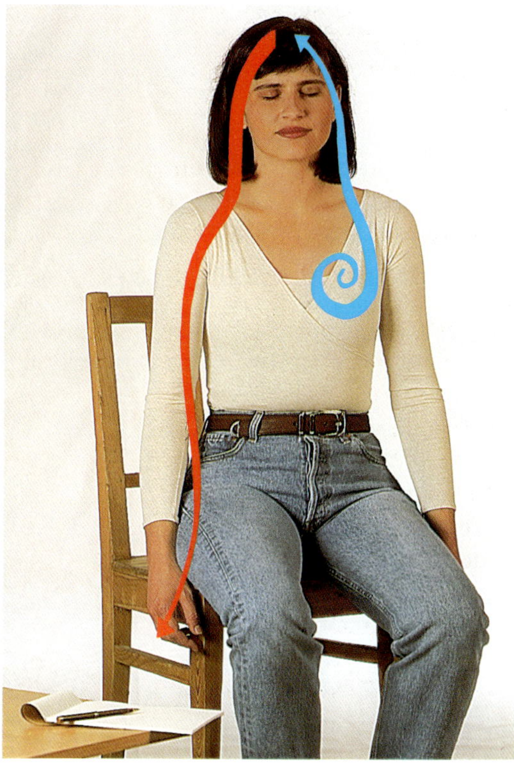

**Zufluß von Sauerstoff**

5 Lassen Sie Sauerstoff zur Reinigung und Ernährung durch dieses Röhrchen vom Herzen zum Schmerz laufen.

- Achten Sie darauf, daß keine Unterbrechung entsteht. Suchen Sie hierbei auch nach kreativen Möglichkeiten, den Weg des Röhrchens so lange zu verändern, **bis der Fluß gleichmäßig und ruhig ist**.
- Halten Sie diesen Fluß für einige Minuten konstant, bis die Schmerzen nachgelassen haben.

7 Bevor Sie die Augen öffnen, sagen Sie laut zu sich: *»Mein Unbewußtes ist jetzt dafür zuständig, daß dieses von mir installierte System weiter wirkt. Für den Fall, daß die Intensität des Schmerzes zunehmen sollte, werde ich mich daran erinnern, daß ich noch einmal mein Inneres abtasten muß, um für einen regelmäßigen Fluß in den Röhrchen zu sorgen. Wenn ich jetzt die Augen aufmache, werde ich mich frisch und besser als vorher fühlen.«*

- Öffnen Sie die Augen.

# Zum Nachschlagen

## *NLP-Lexikon*

**Ankern**
Durch einen visuellen, auditiven oder kinästhetischen Reiz (Stimulus, Trigger) wird internal oder external eine positive Reaktion konditioniert, die von da an regelmäßig ausgelöst werden kann.
**Assoziiert sein**
Ganz und gar in einem Erlebnis sein, es durch die eigenen Augen sehen (Vgl. »dissoziiert sein«).
**Dissoziiert sein**
Nicht mit seiner ganzen Persönlichkeit in einem Erlebnis oder Zustand sein; sich selbst sehen oder hören (Vgl. »assoziiert sein«).
**Dritte Position**
Perspektive eines unvoreingenommenen, objektiven Beobachters .
**Erste Position**
Der eigene Standpunkt der Betrachtung, im »Ich« sein.
**Gustatorisch**
Den Geschmackssinn, das Schmecken betreffend.
**Internale Repräsentation**
Abbild von Informationen, die wir innerlich erschaffen und abspeichern, in Form von Bildern, Geräuschen, Gefühlen, Geschmäckern.
**Kinästhetisch**
Den Gefühls- oder Tastsinn betreffend, äußere Empfindungen und innere Gefühle.
**Meta-**
Auf einer anderen, höheren Ebene befindlich; aus dem Griechischen kommend, in der Bedeutung »über« und »darüber hinaus«.
**Modell**
Praxisorientierte, anwendbare Beschreibung davon, wie etwas funktioniert, mit dem Zweck, nützlich zu sein.
**Modellieren**
Kopieren von nachahmenswerten Vorbildern, deren Gestik, Haltung und Sprechweise; so tun, als ob man sie sei.
**Ökologie**
Die allumfassenden Beziehungen zwischen einem Wesen und seiner Umwelt. Im Sinne von »interner Ökologie« ist das dynamische Gleichgewicht von Elementen in einem System gemeint.
**Olfaktorisch**
Den Geruchssinn betreffend.

**Rahmen (»frame«)**
Der Kontext, der Interpretationszusammenhang, das Umfeld für einen Gedanken, ein Gefühl, eine Wahrnehmung, Erfahrung ...
**Reframing**
Durch Umdeuten den Bezugsrahmen einer Aussage verändern oder auswechseln, um ihr eine andere Bedeutung zu verleihen.
**Repräsentation**
Ein Begriff, eine Vorstellung oder ein Gedanke, das heißt: eine Verschlüsselung oder Speicherung von Informationen im Gehirn.
**Repräsentationssystem**
Art, wie wir Informationen in unserem Gehirn in einem oder mehreren der fünf Sinneskanäle (Modalitäten) verschlüsseln und speichern (visuell, auditiv, kinästhetisch, olfaktorisch, gustatorisch).
**Ressourcen**
Jegliche (Hilfs-)Mittel, die zum Erreichen eines Ziels beitragen: Physiologien, Zustände, Fertigkeiten, Gedanken, Erfahrungen, Menschen, Besitztümer ...
**Ressourcenreicher Zustand**
Die Gesamtheit des neurologischen und physiologischen Erlebens in einer Situation, in der sich jemand ressourcenreich fühlt, das heißt über Kräfte, Stärken und Fähigkeiten verfügt.
**Separator**
Bewußter Unterbrecher zwischen zwei Situationen oder Zuständen.
**Submodalitäten**
Feine Nuancen innerhalb der fünf Repräsentationssysteme.
**Time line (Zeitlinie)**
Anordnung, in der wir Bilder, Geräusche und Gefühle unserer Vergangenheit, Gegenwart und Zukunft speichern.
**Visuell**
Das Sehen betreffend.
**Wahrnehmungsfilter**
Einzigartige Vorstellungen, Erfahrungen, Glauben und Sprachmuster, die das individuelle, persönliche »Modell der Welt« formen.
**Wahrnehmungsposition**
Betrachtungsweise oder Standpunkt, die man zu einer Situation oder einem Menschen gegenüber einnimmt. Es kann die eigene sein (1. Position), die von jemand anderem (2. Position) oder die eines »objektiven« Beobachters oder Beraters (3. Position).

## *Bücher, die weiterhelfen*

Andreas, Connirae und Steve, Gewußt wie, Junfermann Verlag, Paderborn
Bandler, Richard, Bitte verändern Sie sich … Jetzt, Junfermann Verlag, Paderborn
Bandler, Richard, Veränderung des subjektiven Erlebens, Junfermann Verlag, Paderborn
Bateson, Gregory, Ökologie des Geistes und Geist und Natur, Suhrkamp Verlag, Frankfurt
Cameron-Bandler, Leslie, Die Intelligenz der Gefühle, Junfermann Verlag, Paderborn
Dilts, Robert, Identität, Glaubenssysteme & Gesundheit, Junfermann Verlag, Paderborn
Feldenkrais, Moshé, Bewußtheit durch Bewegung, Suhrkamp Verlag, Frankfurt
Grinder, John/Bandler, Richard, Therapie in Trance, Klett-Cotta Verlag (Angewandte Wissenschaft), Stuttgart
O´Connor, Joseph/Seymour, John, NLP – Gelungene Kommunikation und persönliche Enfaltung,Verlag VAK, Freiburg
Satir, Virginia, Sei direkt, Verlag Junfermann, Paderborn
Triebel-Thome, Anna, Feldenkrais-Bewegung, ein Weg zum Selbst, Gräfe und Unzer Verlag, München

## *Adressen, die weiterhelfen*

Dr. Roderich Heinze
Sabine Vohmann-Heinze
Am Mühlenbach 5
79219 Staufen

GANLP e.V. (Dachverband der NLP-Trainer und Therapeuten)
Herzogstr. 83
80796 München

Helvetic Association for NLP (HANLP)
Rheinhof 9
Altstadt
CH-8200 Schaffhausen

# Sachregister

## Auflösung des Linienexperiments von Seite 62

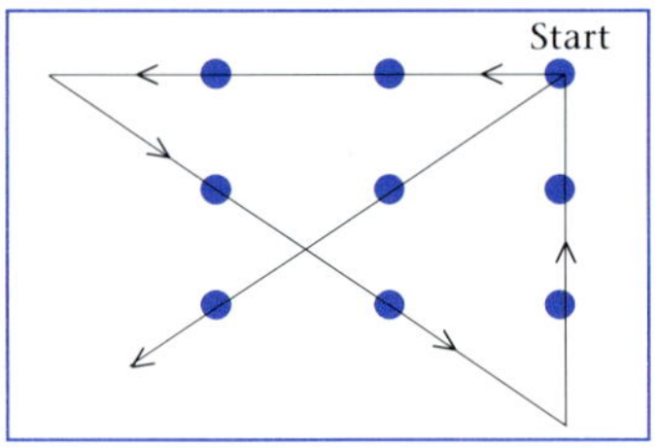




Redaktion: Doris Schimmelpfennig-Funke
Lektorat und DTP-Umbruch: Jutta Keller
Fotos: Alexander Walter; Mike Masoni (Umschlagseite 1), Franz Faltermaier (Umschlagrückseite)
Styling: Jeanette Heerwagen
Layout-Konzept und Umschlaggestaltung: Heinz Kraxenberger
Herstellung: Ina Hochbach
Zeichnungen: Alexandra Hauser
Satz: Design-Typo-Print GmbH, Ismaning
Repro: Artilitho, Trento
Druck und Bindung: Printer, Trento

Printed in Italy

ISBN 3-7742-2581-8

Auflage 5. 4. 3.
Jahr 2000 99 98